はじめに

　本書は、スティーブ・ジョブズ本人のスピーチやプレゼンテーションに、ジョブズの功績を振り返る報道やジョブズ公認伝記の著者インタビューを加えた構成になっています。

　これらは世界最大のニュース専門テレビ局CNNの放送から選りすぐって収録したものです。ジョブズがアップルのCEO（最高経営責任者）辞任を発表した2011年8月24日から亡くなった同年10月5日までの期間にCNNでオンエアされたものばかりですが、回顧・追悼的な番組の性質上、古い素材も多く含まれています。そのため、CDには一部やや音質のよくない個所もありますが、あらかじめご了承ください。全体としては臨場感に富んだ音声がお楽しみいただけるはずです。

　インターネットの活用が進んだ今日、ジョブズの動画などもネット上で多く見られますが、英語学習者からは、スクリプトが実際に話されているものと違っていたり、単語の説明がなかったりすることを残念がる声も聞こえてきます。

　そこで本書は、実際に話されている通りの英文を掲載するとともに、丁寧な語注を付け、見やすい英日対訳形式のレイアウトにしてあります。また、「スティーブ・ジョブズ年表」を作成し、ジョブズの軌跡が理解しやすいように配慮いたしました。さらに、本書ご購入者は電子書籍版（PDF）の無料ダウンロードができるようになっていますので、スマートフォンやタブレットなどにCD音声を移して外出先でもリスニングしようという方々には特に便利です。

　ジョブズが亡くなってから間もなく1年が経とうとしていますが、彼の才能を惜しむ声はいまも衰えていません。CNNの看板キャスターであるアンダーソン・クーパーは、ジョブズのスタンフォード大学スピーチを紹介する際に、Whether it came to products or words, Steve Jobs had the touch.（製品に関してであれ言葉に関してであれ、スティーブ・ジョブズは優れたセンスを持っていました）と述べています。本書のリーディングやリスニングで、そうしたセンスを感受しながら、英語力を向上させていただけたら幸いです。

2012年9月
『CNN English Express』編集部

● CD収録時間：31 分21 秒

● 本書の収録コンテンツは月刊英語学習誌『CNN English Express』の記事・音声を再編集したものです。
● 『CNN English Express』についての詳しい情報は下記をご覧ください。
　　パソコンから　　　http://ee.asahipress.com/
　　ケータイから　　　http://asahipress.jp/
　　ツイッター　　　　http://twitter.com/asahipress_ee
　　フェイスブック　　http://www.facebook.com/CNNEnglishExpress
● CNN の番組視聴については下記をご覧ください。
　　　　　　　　　　　http://www.jctv.co.jp/cnnj/
● CNN のニュースをネットで読むには下記へアクセスしてください。
　　英語サイト　　　　http://www.cnn.com/
　　日本語サイト　　　http://www.cnn.co.jp/

CNN name, logo and all associated elements TM and © 2012 Cable News Network. A TimeWarner Company. All rights reserved.

■ Contents

● はじめに ……………………………………………………… 01
● スティーブ・ジョブズ年表 ………………………………… 04

CNN が振り返るジョブズの功績 …………………… [CD Track01-07] 07
End of an Era

驚異のプレゼンでたどるジョブズの軌跡 …………… [CD Track08-16] 21
Immortal Legacy

伝記本の著者が明かすカリスマの素顔 ……………… [CD Track17-24] 39
Rebel, Geek and Genius

伝説のスタンフォード大学スピーチ ………………… [CD Track25-42] 55
Stay Hungry, Stay Foolish

● CD ナレーション原稿 ……………………………………… 91
● 電子書籍版（PDF）の入手方法 …………………………… 96

■スティーブ・ジョブズ年表

年	月	出来事
1955	2月24日	サンフランシスコで誕生（実母はジョアン・シンプソン）
1968	9月	ホームステッド・ハイスクールに入学
		ヒューレット・パッカード社のビル・ヒューレットの自宅に電話を直接かけて知己を得る
1971	7月	ヒューレット・パッカード社のインターンシップでウォズニアックと出会う
1972	9月	リード大学に入学
1974	3月	アタリに就職
1976	4月	アップルコンピュータ設立
		アップル初のコンピューターを発表する
	7月	「Apple I」の販売を開始
1977	1月	アップルコンピュータを法人化
	4月	「Apple II」を発表
	6月	「Apple II」を発売
1978		Lisaプロジェクトが立ち上がる
1979	4月	アップル社員ジェフ・ラスキンによってマッキントッシュ・プロジェクト開始
	6月	「Apple II plus」がApplesoft BASICを搭載する
		ゼロックスからの出資を受け入れる交換条件として、パロアルト研究所見学が行われた
1980	4月	株式を上場
	5月	「Apple III」を発表
1981	3月	マッキントッシュ・プロジェクトに参画を宣言する
1982	2月	ジョブズが雑誌『TIME』の表紙を飾る
1983	1月	パーソナルコンピューター「Lisa」を発売
	4月	ジョン・スカリーが社長に
1984	1月	**マッキントッシュを発売**　[→本書p.22]
1985	5月	アップルでの仕事をはく奪される
	9月	アップルを退社、「NeXT」の立ち上げ
1986	2月	ルーカスフィルムのコンピューター関連部門を買収、ピクサーと改称
1989		NeXTが「NeXTcube」を発表
1991	3月	ローレン・パウエルと結婚
1993	2月	NeXTがソフトウェアに特化
1995	11月	映画『トイ・ストーリー』公開
1996	12月	アップルがNeXTを買収、ジョブズはアップルに特任顧問として復帰
1997	8月	マイクロソフトとの業務提携を発表
		アップルの暫定CEOに就任
1998	5月	**「iMac」を発表**　[→本書p.24]
1999	7月	「iBook」を発売
2000	4月	正式にCEOに就任

年	月	出来事
2001	3月	「Mac OS X」を発売
	10月	初代「iPod」を発表 ［→本書 p.26］
		「アップルコンピュータ」から「アップル」へ社名変更
	11月	「iPod」を発売
		「PowerBook G4（titanium）」を MacWorld EXPO で披露
		Apple Store を 2 店舗オープン
2003	1月	「Safari」を発表
		すい臓がんと診断される
	4月	「iTunes」で音楽配信サービスを開始
2004	4月	すい臓がんで手術を受ける
		「iMac G5」と「iPod mini」を発売
2005	6月	スタンフォード大学でスピーチ ［→本書 p.55］
	9月	「iPod nano」を発表 ［→本書 p.28］
	10月	ティム・クックがアップルの COO に就任
		「iPod Nano」を発売
2006	5月	ディズニーがピクサーを買収、ジョブズがディズニーの筆頭株主に
		「MacBook Pro」と「Apple TV」を発売
2007	1月	「iPhone」を発表 ［→本書 p.30］
	6月	「iPhone」を発売
2008	7月	「iPhone 3G」と「Macbook Air」を発売
2009	1月	病気療養に入る。CEO 休職
	3月	肝臓の移植手術
	6月	現場に復帰
		「iPhone 3GS」を発売
2010	1月	「iPad」を発表 ［→本書 p.32］
	4月	「iPad」を発売
	5月	アップルの時価総額、マイクロソフトを抜き、米 IT 業界でトップに
	6月	「iPhone 4」を発表 ［→本書 p.34］
2011	1月	病気を理由に休職すると発表
	3月	「iPad 2」を発表。発表会に療養中のジョブズが自ら登場 ［→本書 p.36］
	6月	「アイクラウド（iCloud）」の発表を再び療養中のジョブズ自らが行う
	8月	アップルの時価総額が一時、米石油大手エクソンモービル（ExxonMobil）を上回り米上場企業トップに
	8月24日	最高経営責任者（CEO）辞任を発表。会長職には留まる ［→本書 p.7］
	10月4日	「iPhone 4S」を発表
	10月5日	死去
	10月24日	公認伝記が世界 18 カ国で発売 ［→本書 p.39］
2012	2月	第 54 回グラミー賞で「トラスティーズ賞」が授与される
	9月	「iPhone 5」を発売

End of an Era
CNNが振り返るジョブズの功績

2011年8月24日、すでに自らの体調をさとっていたスティーブ・ジョブズは、長く君臨してきたアップル社CEO（最高経営責任者）の座を退き、後任をティム・クックとすることを発表した。
ジョブズ退任の報は、IT業界や株式市場はもとより、その外側にいる人たちにも、ひとつの時代が終わりつつあることを示すものとして衝撃を与えた。ジョブズ率いるアップル社は、Mac、iMac、iPod、iPhoneなどの革新的商品によって、人々のライフスタイルにまで影響を与え続けてきたからだ。
CNNは、この日から、ジョブズの功績を振り返り始めた。

写真：AFLO

End of an Era

■ Part 1：ジョブズ氏のスタイルはまねできない

　Yeah, it's interesting, the NASDAQ down a...a quarter of 1 percent, because shares of Apple—dropping 5 percent in the after-hours trade after the company's iconic leader, Steve Jobs, announced that he will be stepping down as CEO. Jobs will stay on as chairman, but his replacement certainly has big shoes to fill. Dan Simon has the story.

　　　＊　　　＊　　　＊

　"Today, Apple is going to reinvent the phone." (Steve Jobs, presenting the iPhone)
　He's been called a modern-day Thomas Edison.
　"You can do multifinger gestures on it. And boy, have we patented it." (Steve Jobs, presenting the iPhone)
　Others have tried to emulate his style...
　"Amazing. And the screen literally floats in midair." (Steve Jobs, presenting an iMac model)
　...but rarely with the same success.

---

era:
《タイトル》時代、年代
Yeah, it's interesting,...:
▶直前に、ダウ平均株価とS&P500の株価指数は0.30%上がったのに、ナスダック総合指数が0.25%下がったと伝えている。
NASDAQ:
ナスダック　▶全米証券業協会のベンチャー向け株式市場。

share(s):
①《複数形》株、株式　②市場占有率、シェア
after-hours:
営業時間外の
iconic:
象徴的な、偶像化された
announce that:
〜であると発表する、公表する

step down as:
〜を辞任する、〜の座を退く
CEO:
＝chief executive officer　最高経営責任者
stay on as:
〜の座に留まる、〜として残る
chairman:
（会社の）会長

CNNが振り返る
ジョブズの功績

　そう、興味深いですね、ナスダック総合指数が0.25%下がったのは。というのも、アップル社の株価が5%下がったのです、同社の象徴的トップであるスティーブ・ジョブズ氏がCEOを退くと発表した後の時間外取引で。ジョブズ氏は会長として留まりますが、彼の後任が大変な重責を担うことになるのは間違いありません。ダン・サイモン記者がお伝えします。

　「今日、アップルが電話を再発明します」（スティーブ・ジョブズ　iPhoneのプレゼンテーションにて）
　彼は現代のトーマス・エジソンと呼ばれてきました。
　「複数の指で画面を操作できます。なんと、しっかり特許権も取得済みなのです」（スティーブ・ジョブズ　iPhoneのプレゼンテーションにて）
　ほかの人たちが彼のスタイルをまねしようとしてきましたが……
　「驚きです。画面が文字どおり宙に浮くのです」（スティーブ・ジョブズ　iMacのプレゼンテーションにて）
　……なかなか同じようにうまくはいきません。

replacement: 後継者、後任者 **certainly:** 確かに、確実に **have big shoes to fill:** （優秀だった前任者の後任として）重責を担う **reinvent:** ～を再発明する	**modern-day:** 現代の、今日の **boy:** 《驚き・感嘆などを表して》まあ、なんと **patent:** ～の特許権を取る **emulate:** ～を見習う、まねる	**amazing:** 驚嘆すべき、見事な **literally:** 文字どおり **float:** 浮かぶ、浮く **in midair:** 空中に **rarely:** めったに～ない

End of an Era

■生活スタイルを変えた iPhone、iPad

The Apple story is well known. Two kids in the garage, Jobs and Steve Wozniak launch a company that would change the world.

"We worked hard, and in 10 years, Apple had grown from just the two of us in a garage into a $2 billion company with over 4,000 employees." (Steve Jobs, from his 2005 commencement speech at Stanford University)

In 1984, Jobs introduced the Macintosh, the first mainstream computer with a mouse, and the first with multiple fonts. But sales were sluggish, and there were internal divisions in the company. Jobs was forced out.

His second act, a decade later, is considered one of the greatest CEO tenures of all time.

"It's called the iPod Touch." (Steve Jobs, giving a presentation)

Jobs brought us the iconic iPod and, of course, a string of other life-changing technologies, like the iPhone and the iPad.

be well know: よく知られている、有名である **kid:** 若者 **garage:** 車庫、ガレージ **Steve Wozniak:** スティーブ・ウォズニアック ▶アップル社の共同設立者のひとり。同社の初期の技術を担った。	**launch:** ①（事業を）始める ②（新商品の）発売 **grow from A into B:** 成長してAからBになる、AからBへと成長する **billion:** 10億 **employee:** 従業員	**commencement:** 卒業式、学位授与式 **introduce:** 〜を披露する、発表する **mainstream:** 主流の、本流の **multiple:** 複数の、多様な **font:** フォント、書体

CNNが振り返る
ジョブズの功績

　アップル社の話は有名です。ガレージでふたりの若者、ジョブズ氏とスティーブ・ウォズニアック氏が、後に世界を変えることになる会社を立ち上げたのです。
　「われわれが懸命に働いた結果、10年後のアップルは、ガレージにわれわれふたりしかいなかった状態から、従業員4000人以上を抱える20億ドル企業にまで成長していました」（スティーブ・ジョブズ　2005年のスタンフォード大学卒業式のスピーチで）
　1984年、ジョブズ氏はマッキントッシュを発表しました。マウス付きで複数のフォントが備わった、初の一般向けコンピューターです。しかし、売り上げは伸びず、社内分裂が起きます。ジョブズ氏は会社を追われました。

　その10年後に始まった彼の第二幕は、CEOとしての業績が史上最高の部類に入るとみなされています。
　「名前はiPod touchです」（スティーブ・ジョブズ　プレゼンテーションにて）
　ジョブズ氏はわれわれにもたらしてくれました、画期的なiPodを、そして言うまでもなく、iPhoneやiPadといった、生活スタイルを一変するような一連のテクノロジーを。

---

sales:
売り上げ、売上高
sluggish:
活気のない、低迷した
internal division:
内部分裂、内紛
force out:
～を追い出す、解雇する
second act:
（演劇の）第二幕
decade:
10年間
consider A B:
AをBとみなす、考える
tenure:
在職期間
of all time:
史上～の
bring A B:
AにBをもたらす
a string of:
一連の、ひと続きの
life-changing:
生活スタイルを変えるような

End of an Era

■ついにCEOを辞任

For a few years now, Jobs has looked thin and frail. His health problems, including a bout with pancreatic cancer, are well known. And two years ago, he had a liver transplant. In his letter to the Apple board, Jobs writes: "I have always said if there ever came a time when I could no longer meet my duties and expectations as Apple's CEO, I would be the first to let you know. Unfortunately, that day has come."

"And we have computers like the iMac." (Tim Cook, speaking at an Apple event)

As new CEO Tim Cook takes the reins, he inherits a company that has never been stronger, more influential or profitable. Jobs will become chairman of the board while the company he started enters a new phase.

Aired on August 25, 2011

thin: やせた、ほっそりした **frail:** 〈人・体が〉弱い、虚弱な **including:** ～を含めて **bout:** (病気の)一期間、発作	**pancreatic cancer:** すい臓がん **liver transplant:** 肝臓移植 **board:** (会社の)役員会、取締役会 **there comes a time when:** ～であるときが来る	**ever:** 《条件文》いつか、いずれ **no longer:** もはや～ない **meet:** (要求を)満たす、(期待に)応える **duties:** 職務、任務

あなたのグローバル英語力を測定

新時代のオンラインテスト

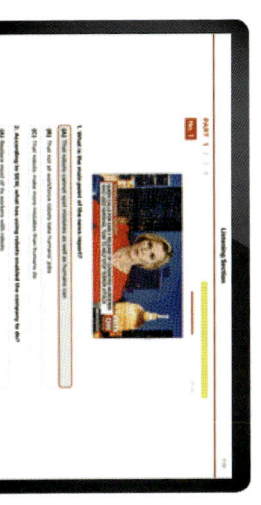

GLENTS

新時代のオンラインテスト**CNN GLENTS**が誕生!

CNNの生きた英語を使った新しい英語力測定テストがいよいよ始まりました!

詳しくはCNN GLENTSホームページをご覧ください。

ENGLISH EXPRESS

音声ダウンロード付き 毎月6日発売 B5判 定価1263円(税込)

これが世界標準の英語!!

CNNの生音声で学べる唯一の月刊誌

◇ CNNのニュース、インタビューが聴ける
◇ 英語脳に切り替わる問題集付き
◇ カリスマ講師・関正生の文法解説や人気通訳者・橋本美穂などの豪華連載も
◇ スマホやパソコンで音声らくらくダウンロード

定期購読をお申し込みの方には本誌1号分無料ほか、特典多数!

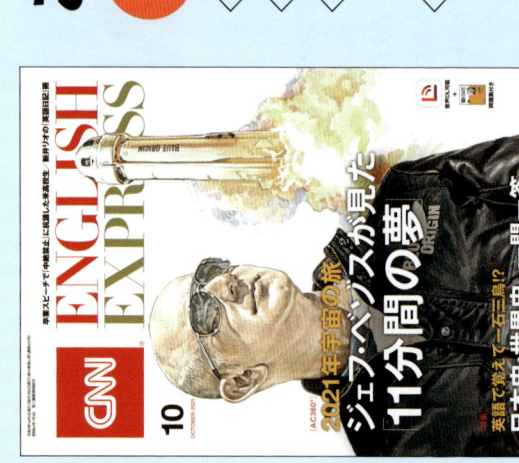

初級者からの ニュース・リスニング CNN Student News 2021 [秋]

[動画・音声付き] オンライン提供

音声アプリ＋動画で、どんどん聞き取れる！

- レベル別に2種類の速度の音声を収録
- ニュース動画を字幕ありなしで視聴できる

MP3・電子書籍版・動画付き[オンライン提供]
A5判 定価1320円(税込)

1本30秒だから、聞きやすい！ CNN ニュース・リスニング 2021 [春夏]

[電子書籍版付き] ダウンロード方式で提供

[30秒×3回聞き]方式で
世界標準の英語がだれでも聞き取れる！

- BTS、兵役法改正へと国を動かす！
- 日本企業による「空飛ぶ車」の実用化が間近!?

MP3・電子書籍版付き
(ダウンロード方式)
A5判 定価1100円(税込)

CNN GLENTSとは

GLENTSとは、**Global ENglish Testing System**という名の通り、世界標準の英語力を測るシステムです。リアルな英語を聞き取る「リスニングセクション」、海外の話題を読み取るリーディングセクション、異文化を理解するのに必要な知識を問う国際教養セクションから構成される、世界に通じる「ホンモノ」の英語力を測定するためのテストです。

CNN GLENTSの特長

■ 作られた英語ではなく生の英語ニュースが素材

リスニング問題、リーディング問題、いずれも世界最大のニュース専門放送局CNNの英語ニュースから出題。実際のニュース映像を使った[動画視聴問題]も導入しています。

■ 場所を選ばず受験できるオンライン方式

コンピューターやスマートフォン、タブレットなどの端末とインターネット接続があれば、好きな場所で受けられます。

■ 自動採点で結果をすぐに表示 国際指標CEFRにも対応

テスト終了後、自動採点ですぐに結果がわかります。国際的な評価基準であるCEFRとの対照レベルやTOEIC® Listening & Reading Testの予測スコアも表示されます。

■ コミュニケーションに必要な社会・文化知識にも配慮

独自のセクションとして設けた「国際教養セクション」では、世界で活躍する人材に求められる異文化理解力を測ります。

■ 試験時間は約70分、受験料は¥3,960円(税込定価)です。

※画像はイメージです。

® & © Cable News Network A WarnerMedia Company. All Rights Reserved.

お問い合わせ先

株式会社 朝日出版社「CNN GLENTS」事務局
フリーダイヤル: **0120-181-202** E-MAIL: **glents_support@asahipress.com**
(平日午前10時〜午後6時)

CNNが振り返る
ジョブズの功績

　数年前から、ジョブズ氏はやせ細ったように見えます。すい臓がんを患うなど、彼の健康上の問題は周知の事実です。2年前には肝臓移植を受けました。アップル社の取締役会に宛てた手紙で、ジョブズ氏はこう書いています、「私はつねづね明言してきた、万が一アップルのCEOとしての任務を果たしたり、期待に沿うことができなくなるときが来たら、私から真っ先に皆さんにお知らせすると。残念ながら、その日が来てしまった」と。

　「そして、われわれにはiMacのようなコンピューターがあります」(ティム・クック　アップル社のイベントで)
　新CEOのティム・クック氏がアップル社の指揮を執りますが、彼が引き継ぐアップル社は、同社の歴史の中でこれまでにないほど強力で、影響力があり、収益の高い状態にあります。ジョブズ氏は、自身が始めた会社が新たな局面を迎える転換期に会長になるのです。

expectations: 期待、期待されていること **be the first to do:** 一番乗りで〜する、最初に〜する **let...know:** …に知らせる、報告する **unfortunately:** 残念ながら、不幸にも	**take the reins:** 統率する、支配する **inherit:** 〜を引き継ぐ、継承する **influential:** 影響力のある、勢力のある **profitable:** 利益をもたらす、収益の高い	**chairman of the board:** (会社の)取締役会長 **enter:** 〜に入る **phase:** (変化・発達などの)段階、局面

Track 05

End of an Era

■ Part 2：さまざまな業界に革命を起こしたジョブズ氏

As we've been reporting, Steve Jobs has decided to step aside as chief executive officer of Apple, but he will still be chairman. His resignation has had a ripple effect throughout the computer world. And here are a few reflections on Steve Jobs' legacy from his coworkers, colleagues and friends.

*   *   *

"It's really hard to overstate just how important Steve Jobs has been to business, to the economy—what he's done—because he's really revolutionized so many businesses." (Andy Serwer, Managing Editor, *Fortune*)

"What…what Jobs recognized was that the…the introduction of the product is…is your one chance to send a message to the public about what this thing is. And he treated it like a…a Hollywood premiere." (Philip Elmer-DeWitt, Editor, *Apple 2.0*)

---

decide to do:
〜することを決意する、決断する

step aside as:
〜の座を退く

resignation:
辞職、辞任

ripple effect:
波及効果、連鎖反応

throughout:
〜の至るところで、〜じゅうで

reflections on:
〜についての意見、感想

legacy:
遺産、受け継がれたもの

coworker:
（職場の）同僚、仕事仲間

colleague:
同僚、同業者

overstate:
〜を強調しすぎる、大げさに言う

revolutionize:
〜に革命をもたらす、大変革を起こす

CNNが振り返る
ジョブズの功績

　お伝えしているように、スティーブ・ジョブズ氏がアップル社の最高経営責任者（CEO）を退くことを決めましたが、会長として留まります。彼の辞任の影響はコンピューター業界全体に広がっています。スティーブ・ジョブズ氏の功績について何人かの同僚、同業者、友人が語ってくれました。

　「どんなに強調してもしすぎることはありません、スティーブ・ジョブズ氏が──彼の成し遂げたことが──ビジネスや経済に、どれだけ大きな影響を及ぼしたかは。彼はさまざまな業界に大革命を起こしましたからね」（アンディ・サーワー　フォーチュン誌編集長）

　「ジョブズ氏はよく分かっていましたね、製品発表会というのは、それがどういう製品なのかを人々に伝える、ただ一度のチャンスなんだと。彼は製品発表会を、まるでハリウッド映画のプレミア試写会のようにとらえていました」（フィリップ・エルマー・デウィット　「アップル2.0」の編集人）

---

managing editor:
編集長、編集主幹
***Fortune*:**
フォーチュン誌　▶米国のビジネス誌。
recognize:
〜を認める、認識する

introduction:
披露、発表
product:
製品
the public:
一般大衆
treat:
〜を扱う、とらえる

premiere:
（映画の）プレミア試写会
editor:
編集者
***Apple 2.0*:**
アップル2.0　▶フォーチュン誌が配信する、アップル社についてのブログ。

スティーブ・ジョブズ　伝説のスピーチ&プレゼン　15

End of an Era

■細部まで演出が施されていたアップルの製品発表会

"The secrecy and the, kind of, theater that Apple brings to every product launch—every other company in the world, whether they're in, you know, electronics, consumer electronics or...or clothing or automobiles, they...they...they can learn from Apple and what they do." (Michael Copeland, *Fortune* Contributor)

"It was a piece of theater, and he treated it like a piece of theater. And he invited the audience; he...he primed them like you would pri...you know, like you would send out the trailers for a movie; and...and then he...he ma...he did a performance, every second of which was...was carefully choreographed and scripted and it...and rarely went wrong." (Philip Elmer-DeWitt)

"Then, of course, there is the music business, with iTunes and the iPod. I mean, just amazing—completely transformed that business." (Andy Serwer)

secrecy: 秘密、秘密にしていること	**consumer electronics:** 家庭用電化製品、家電	**audience:** 聴衆、観客
kind of: なんというか、まあ	**automobile:** 自動車	**prime:** 〜に事前に教える、予備知識を与える
theater: 演劇、芝居	**contributor:** 寄稿者、執筆者	**send out:** 〜を送る、送付する
electronics: 電子機器、エレクトロニクス機器	**invite:** 〜を招待する	

CNNが振り返る
ジョブズの功績

「秘密のベールに包まれた感じと、なんというか、芝居のような雰囲気を、アップルはどの製品の発表に際してもつくり出すんです──世界中の企業はひとつ残らず、その、電子機器業界も、家電業界も、服飾業界も、自動車業界も、みんなアップルとアップルのやり方から学べますよ」(マイケル・コープランド　フォーチュン誌寄稿者)

「あれは一編の劇でした。彼は、製品発表会を一編の劇のようにとらえていました。観客を招待してね。招待客には予備知識を与えていました、映画の予告編を送るみたいにして。その上でパフォーマンスをしていたんです。最初から最後まで細部にわたって演出が施されていて、シナリオもあったから、うまくいかないなんてことはめったになかったね」(フィリップ・エルマー・デウィット)

「それから、言うまでもなく、彼には音楽ビジネスへの影響力があります、iTunesとiPodによるね。とにかく、すごいですよ──音楽業界を完全に変えてしまったんですから」(アンディ・サーワー)

trailer: (映画の) 予告編 **every second of:** 〜の間じゅう、〜の一瞬一瞬 **carefully:** 注意深く、入念に	**choreograph:** 〜に振り付けをする、〜を演出する **script:** 〜の台本を書く、脚本を書く **go wrong:** うまくいかない、失敗する	**I mean:** つまり、言いたいのは **completely:** まったく、完全に **transform:** 〜を変える、一変させる

End of an Era

■iPhone が携帯電話業界に競争的環境をもたらした

"The iPod and...and the iPod Touch and the iPhone and all the things that are portable music players—you know, on paper, they have a 90 percent share of the market; in fact, they own it. I mean, other people might buy other MP3 players, but they throw them away. If you look at what people are using—they're all using iPads or iPods." (Philip Elmer-DeWitt)

"The other thing that happened as a result of Apple coming on the scene is that it really created a competitive environment for mobile phones that had never existed before. Google's Android owes a great debt to Apple's iPhone, because suddenly, carriers that didn't have the iPhone, like Verizon and T-Mobile and Sprint, were looking for alternatives, looking for new ways to get exciting smartphones on the market." (Stephanie Mehta, Executive Editor, *Fortune*)

---

portable: 持ち運びできる、携帯用の
on paper: 書類上は、名目上は
in fact: 実際には、実のところ
own: ～を所有する、独占する

MP3: ＝MPEG-1 Audio Layer 3　エムピースリー　▶広く用いられている音声圧縮方式のひとつ。
throw...away: …を投げ捨てる
as a result of: ～の結果として

come on the scene: 舞台に登場する、姿を現す
create: ～をつくり出す、創出する
competitive environment: 競争環境
mobile phone: 携帯電話

CNNが振り返る
ジョブズの功績

　「iPodとかiPod touchとかiPhoneとか、ああいった携帯音楽プレーヤー——それらは、なんというか、数の上では市場シェアは90%ですが、実際は市場を独占しています。というのも、ほかのMP3プレーヤーを買ったとしても、それを捨ててしまうんです。まわりの人が実際に何を使っているかチェックしてみると——その人たちはみんなiPadやiPodを使っていますよ」(フィリップ・エルマー・デウィット)

　「アップルが(携帯電話事業に)参入した結果として起きたもうひとつの変化は、携帯電話業界に以前はなかった競争的な環境をまさにつくり出したことです。グーグルのAndroidはアップルのiPhoneの恩恵をものすごく受けています。というのも、iPhoneを取り扱っていなかった通信事業者、たとえばベライゾンやT-モバイルやスプリントが、突然別の選択肢、つまり、市場に魅力的なスマートフォンを提供する新たな方法を探すことになったからです」(ステファニー・メータ　フォーチュン誌編集責任者)

(2011年11月号掲載)(訳　安野玲)

exist: ある、存在する **owe a debt to:** 〜に借りがある、〜の恩恵を受けている **carrier:** 電気通信事業者、携帯電話会社	**Verizon:** ベライゾン社　▶米国最大手の携帯電話会社。 **T-Mobile:** T-モバイル社　▶ヨーロッパや北米でサービスを展開するドイツ系の携帯電話会社。	**Sprint:** スプリント社　▶米国の携帯電話会社。 **look for:** 〜を探す、探し求める **alternative:** 代わるもの、代替物 **executive editor:** 編集責任者、編集長

Immortal Legacy
驚異のプレゼンでたどるジョブズの軌跡

2011年10月5日、かねてから健康の優れなかったスティーブ・ジョブズがついに56年と7カ月余りの生涯を終えた。世界の主要メディアはこぞって追悼の特集を組み、彼の多彩な業績や波乱に富んだ人生の出来事のひとつひとつに改めてスポットライトを当てていった。そうした中、CNNは、新商品発表時にジョブズが自ら行ったプレゼンテーションの数々をまとめて紹介した。発表された商品は常に時代を画するものであったから、各プレゼンをたどっていくことは、ジョブズにまつわる時代の軌跡をたどっていくことを意味する。
プレゼンの名手といわれたジョブズの生声に耳を傾けてみよう！

写真：ロイター／アフロ

 Track 09

Immortal Legacy

■ マッキントッシュがデビュー —— January 24, 1984

Today, for the first time ever, I'd like to let Macintosh speak for itself.

"Hello. I'm Macintosh. It sure is great to get out of that bag." ("Voice" of a Macintosh computer)

We think a lot of them are going to get into the home, but we s...we like to say they're going to get there through the garage door. People are going to bring them home over the weekend to work on something. Sunday morning, they're not going to be able to get their kids away from them. And maybe someday they'll even buy a second one to leave at home.

immortal:《タイトル》不滅の、不朽の **legacy:**《タイトル》遺産、受け継がれたもの **for the first time ever:** 史上初めて **would like to do:** ～したいと思う、～することを望む	**speak for oneself:** ①自分の考えを述べる、自分の意見を言う ②〈物・事が〉自明のことである、雄弁に物語っている ▶ここでは、マッキントッシュのよさは「自明のことだ」という意味をかけている。	**sure:** ＝surely 確かに、ほんとに **get out of:** ～から出る **bag:** 袋、バッグ

驚異のプレゼンでたどる
ジョブズの軌跡

　今日、史上初めて、マッキントッシュに自分でしゃべってもらいます。

　「やあ。僕はマッキントッシュ。その袋から出られて、ほんとにうれしい」（マッキントッシュの声）
　たくさんのマッキントッシュが各家庭に行くことになると思いますが、家の中にはガレージのドアから入ることになると、われわれはよく言っています。みんな週末にはこれを（職場から）家に持ち帰って、何か作業をするようになるでしょう。日曜の朝は、子どもたちをなかなかこれから引き離せないでしょう。いずれは2台目を買って、家に置いておくようにさえなるかもしれません。

---

voice:
①声　②意見、考え
get into:
〜に入り込む、〜に受け入れられる
garage:
車庫、ガレージ

bring...home:
…を家に持ち返る
work on:
〜に取り組む、従事する
get A away from B:
AをBから離す

someday:
いつか、そのうち
leave...at home:
…を家に置いておく

Immortal Legacy

■スタイリッシュなiMacを発表──── May 6, 1998

The strangest thing about Apple is it hasn't had a good consumer product. Here's one of the best consumer brands in the world, and they haven't had a compelling product under $2,000. And the one we introduced today, the iMac, is incredibly sweet. So I think it's going to make a big difference.

This $1,299 product is faster than the fastest Pentium II you can buy. You can go out and buy a 400-megahertz Pentium II, and this thing smokes it. And so, it's amazing. And…and…and the…the market's never had a consumer product this powerful and…and this cool-looking.

---

consumer product:
消費者製品
consumer brand:
消費者ブランド
compelling:
人の心をつかんで離さない、人を引きつける

introduce:
～を披露する、発表する
incredibly:
信じられないほど、最高に
sweet:
素晴らしい、申し分のない

make a big difference:
大きな影響を及ぼす
Pentium II:
ペンティアム2 ▶インテル社が1997年に発売した、x86アーキテクチャのマイクロプロセッサー(CPU)。

驚異のプレゼンでたどる
ジョブズの軌跡

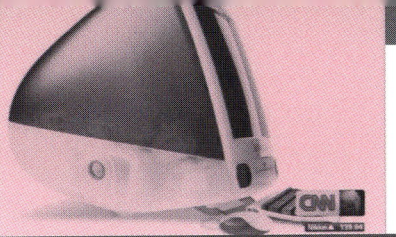

　アップルに関していちばん不思議なのは、優れた消費者製品が今までなかったことです。世界でも最高クラスの消費者ブランドでありながら、2000ドル未満の非常に魅力的な製品がなかった。ですが、今日発表したiMacは最高に素晴らしい。きっと大きな影響を及ぼすことになるでしょう。

　この1299ドルの製品（のマイクロプロセッサー）は、今手に入る最速のペンティアム2よりも速いんです。400メガヘルツのペンティアム2（を搭載したパソコン）を買いに行ってもかまいませんが、iMacはそれに楽勝です。とにかく素晴らしい。今まで市場には、これほど高性能で、これほどクールな消費者製品はありませんでした。

go out and do:〜しに行く、〜しに出かける **megahertz:** メガヘルツ　▶周波数の単位。コンピューターでは、プロセッサーなどの動作速度を表すのに使われる。	**smoke:** 〜に楽勝する、圧勝する **amazing:** 驚くべき、素晴らしい	**powerful:** 〈コンピューターが〉高性能の、処理能力が高い **cool-looking:** かっこいい、クールな

CD Track 11

Immortal Legacy

■携帯音楽プレーヤーを変えたiPod —— October 23, 2001

What is iPod? IPod is an MP3 music player, has CD-quality music, and it plays all of the popular open formats of digital music. But the biggest thing about iPod is it holds 1,000 songs. Now, this is a quantum leap, because it's your...for most people, it's their entire music library. This is huge. The coolest thing about iPod is that whole...y...your entire music library fits in your pocket.

MP3: ＝MPEG-1 Audio Layer 3　エムピースリー　▶広く用いられている音声圧縮方式のひとつ。	CD-quality: CD並みの音質の **popular:** 人気のある、一般に普及している	open format: オープンフォーマット　▶利用が自由で、法的な制約がなく、公開されているファイルフォーマット。

驚異のプレゼンでたどる
ジョブズの軌跡

　iPodとは何か。iPodはMP3音楽プレーヤーです。音質はCD並みで、一般的などのオープンフォーマットのデジタル音楽でも再生できます。しかし、iPod最大の特徴は、1000曲入れられるということです。いいですか、これは飛躍的な進歩です。なにしろほとんどの人にとって、手持ちの音楽をすべて入れられるのですから。これは非常に大きな進歩です。iPod最大の魅力、それは手持ちの音楽がすべてポケットに入ることです。

---

hold:
〜を収納できる、入れる容量がある
quantum leap:
大躍進、大飛躍

entire:
全部の、すべての
huge:
非常に大きな、巨大な

cool:
素晴らしい、すごい
fit in:
〜にぴったり入る、収まる

Immortal Legacy

■超薄型軽量の iPod nano —— September 7, 2005

I've got a pocket—right here. Now, this pocket's been the one that your iPod's gone in, traditionally. The iPod and the iPod Mini fit great in there. Ever wonder what this pocket's for? I've always wondered that. Well, now we know, because this is the new iPod Nano.

have got:	right:	traditionally:
= have	ちょうど、まさに	従来は、これまでは

驚異のプレゼンでたどる
ジョブズの軌跡

　ポケットがありますよね――ちょうどここに。さて、今まではこのポケットにiPodが入っていました。iPodとiPod miniが、ちょうどぴったり納まるんです。こっちの（小さい方の）ポケットが何のためにあるのか、不思議に思ったことはありませんか。僕はつねづね不思議でした。さあ、やっと分かりました。（ポケットから取り出して）これが新製品のiPod nanoです。

great: 非常によく、とてもうまい具合に	Ever wonder: ＝ Do you ever wonder	wonder: 〜を不思議に思う、疑問に思う

 Track 13

Immortal Legacy

■ついに iPhone 登場 ── January 9, 2007

Today, Apple is going to reinvent the phone. An iPod, a phone and an Internet communicator. An iPod, a phone... Are you getting it? These are not three separate devices. This is one device, and we are calling it iPhone.

reinvent: 〜を再発明する	**communicator:** 通信器	**get it:** 理解する、分かる

驚異のプレゼンでたどる
ジョブズの軌跡

　今日、アップルが電話を再発明します。iPod、電話、インターネット端末。iPod、電話……お分かりですか。この3つは別々のデバイスではありません。ひとつのデバイスです。これをiPhoneと名づけました。

separate: 別々の、個々の	device: 装置、機器	call A B: AをBと呼ぶ、Bと名づける

Immortal Legacy

■ブームを呼んだタブレット端末のiPad —— January 27, 2010

 The question has arisen lately, is there room for a third category of device in the middle, something that's between a laptop and a smartphone? And of course, we've pondered this question for years as well.

 The bar's pretty high. In order to really create a new category of devices, those devices are going to have to be far better at doing some key tasks. And we call it the iPad.

 And what this device does is extraordinary. You can browse the Web with it. It is the best browsing experience you've ever had. It's phenomenal to see a whole Web page right in front of you and you can manipulate with your fingers. It's unbelievably great— way better than a laptop, way better than a smartphone.

arise: 発生する、生じる	**laptop:** ラップトップコンピューター、ノート型パソコン	**pretty:** かなり、とても
lately: 最近、このごろ	**ponder:** 〜を熟考する、よく考える	**in order to do:** 〜するために
room: 余地、可能性	**as well:** そのうえ、おまけに	**create:** 〜をつくり出す、創出する
in the middle: 真ん中に、中間に	**bar:** ハードル、障害	**far:** 《形容詞の比較級などの前に置いて》はるかに、大いに

驚異のプレゼンでたどる
ジョブズの軌跡

　最近、ある疑問が生じています。ノート型パソコンとスマートフォンの中間に位置する、第3のカテゴリーのデバイスが登場する余地が（市場に）あるだろうか、という疑問です。もちろん、われわれもこの問いについて何年も考えてきました。

　ハードルはかなり高い。新しい種類のデバイスを実際に生み出すためには、これまでのデバイスより、主要なタスクをするのにずっと優れたものにしなければなりません。われわれはこれをiPadと名づけました。

　このデバイスは並外れた性能を持っています。たとえば、これでウェブを閲覧できます。これまでで最高の閲覧体験です。驚きですよ、ウェブページ全体が目の前で見られて、指で操作できるんですから。信じられないほどすごい――ノート型パソコンやスマートフォンで閲覧するよりも、断然いいんです。

---

be good at:
〜が得意である、上手である
key:
主要な
task:
仕事、課題
extraordinary:
並外れた、驚くべき

browse:
（ウェブサイトなどを）閲覧する
Web:
= World Wide Web　ウェブ、インターネット
experience:
経験、体験
phenomenal:
驚くべき、驚異的な

in front of:
〜の前に
manipulate:
〜を操作する
unbelievably:
信じられないくらいに
way:
ずっと、はるかに

Immortal Legacy

■ iPhone 4でテレビ電話も可能に ── June 7, 2010

For 2010, we're going to take the biggest leap since the original iPhone. And so today...today, we're introducing iPhone 4, the fourth-generation iPhone. Stop me if you've already seen this. Believe me, you ain't seen it. You've got to see this thing in person. It is one of the most beautiful designs you've ever seen.

Hey, Jony. I grew up, here in the U.S., with the...with *The Jetsons* and...and with the *Star Trek* and communicators and just dreaming about this—you know, dreaming about video calling. A...and it's real now.

take a big leap: 大躍進する、大きく飛躍する **original:** 最初の、もとの **forth-generation:** 第4世代の、第4期の	**Stop me...you ain't seen it:** ▶iPhone 4の試作機が流出し、写真が事前に漏れたことをジョークにしている。 **believe me:** ほんとに、正直に言って **ain't:** ▶《非標準》am not、are not、have notなどの縮約形。	**have got to do:** = have to do **in person:** 自ら直接 **Jony:** ジョニー ▶アップル社の工業デザイン部門上級副社長であるJonathan Ive氏の愛称。氏はiMac、iPod、iPhone、iPadなどのデザイン責任者。

驚異のプレゼンでたどる
ジョブズの軌跡

　2010年、最初のiPhone以来、われわれは最大の飛躍を遂げます。そこで今日ご紹介するのは、iPhone 4、第4世代のiPhoneです。もう見たことがあるなら言ってください。いや、絶対に見てませんよね。これをぜひじかに見ていただきたい。これまで見てきた中で、これほど美しいデザインはそうないでしょう。

　（iPhone 4のテレビ電話で、デザイナーのジョニーに向かって）やあ、ジョニー。僕はここアメリカで、『宇宙家族ジェットソン』や、『スタートレック』とそれに出てきたコミュニケーターを見て育った。そして、これを夢見ていた──そう、テレビ電話を夢見ていた。そして今、それが実現したんだ。

grow up: 成長する、大人になる ***The Jetsons:*** 宇宙家族ジェットソン　▶米国のテレビアニメ番組。1962〜1963年、1985〜1987年に放送。アニメの中でテレビ電話が登場した。	***Star Trek*:** スタートレック　▶米国のSFテレビドラマシリーズ。1966年に放送開始。これまでに5つのテレビドラマシリーズ、11本の映画が作られている。	**communicator:** ▶『スタートレック』では、携帯電話のようなコミュニケーター（通信器）が使われていた。 **dream about:** 〜を夢見る **video calling:** テレビ電話

Immortal Legacy

■病気療養から復帰したジョブズ、iPad 2を発表 —— March 2, 2011

Good morning. Thanks for coming. Thank you. Thank you. We're going to introduce today iPad 2, the second-generation iPad. It is an all-new design. It is not a tweaked design; it's not got marginal improvements; it's a completely new design.

And the first thing is, it's dramatically faster. One of the most startling things about the iPad 2 is it is dramatically thinner. Not a little bit thinner—a third thinner. And that is iPad 2.

As always, I'd also like to thank everyone's families, because they support us and let us do what we love to do. So thank you very much to our extended families out there, who make it possible for us to work our tails off making these great products for you.

Aired on August 26, 2011

all-new: まったく新しい **tweak:** (改善のために)～を微調整する、マイナーチェンジする **marginal:** ほんのわずかの、最低限の	**improvement:** 改善、改良 **completely:** 完全に、まったく **dramatically:** 劇的に、著しく	**startling:** はっとさせるような、びっくりさせる **thin:** 薄い **a little bit:** 少しばかり、ちょっと

驚異のプレゼンでたどる
ジョブズの軌跡

　おはようございます。ご来場ありがとう。ありがとうございます。ありがとう。今日ご紹介するのは、iPad 2、第2世代のiPadです。デザインを一新しました。マイナーチェンジではありません。ささやかな改良でもありません。まったく新しいデザインです。

　まず、飛躍的に速くなりました。iPad 2に関して最も驚くべき点のひとつは、劇的な薄さです。ほんのちょっと薄くなったわけじゃない──(iPadの)3分の1の薄さなんです。それがiPad 2です。

　いつものように、皆さんのご家族にもお礼を言わせてください。われわれを支えて、大好きなことをさせてくれるんですから。ほんとにありがとう、そちらにいる家族同様の皆さん。われわれが素晴らしい製品を生み出すのに身を粉にして働けるのは、皆さんのおかげです。

(2011年12月号掲載)(訳　安野玲)

a third: 3分の1 **as always:** いつものように **support:** 〜を支える、支援する	**extended family:** 拡大家族 **out there:** あちらに、そちらに	**make it possible for...to do:** …が〜するのを可能にする **work one's tail off:** 懸命に働く、身を粉にして働く

Rebel, Geek and Genius
伝記本の著者が明かすカリスマの素顔

取材嫌いで知られたスティーブ・ジョブズ。しかし、キッシンジャーやアインシュタインの伝記も著しているウォルター・アイザックソンには全面協力し、生前から自身の公認伝記の出版を図っていた。結局、ジョブズの死からわずか3週間弱というタイミングで世界20カ国同時発売された同書は、当然のことながらベストセラーに。CNNはそのアイザックソンにインタビューし、あまり知られることのなかったジョブズの素顔に迫った。
作家として独立する前のアイザックソンは、英『サンデータイムズ』紙、米『TIME』誌編集長を経て、CNNのCEOを務めたこともある。

写真：Photosho／アフロ

Rebel, Geek and Genius

■スティーブ・ジョブズが育った70年代初頭のアメリカとは？

CNN   Let's first talk about the...the America that produces Steve Jobs.

Issacson   He kept telling me over and over again that California in the early '70s—the Bay Area, in particular—you had two great cultures erupting, one of which is, sort of, the counterculture: the free-speech movement, the hippie culture, the Grateful Dead and Janis Joplin, all the music, that, sort of, explosion of rebellious art. And then, secondly, you had the electronics-technology-geeky culture. And he was at the confluence of both those. He said it was so great to be one of those people who loved the music passionately but also being one of the electronics kids; and being able to do that merger of the counterculture and its rebellious spirit—merging that with the geeky technology culture.

rebel:《タイトル》反逆者、反抗者 **geek:**《タイトル》マニア、おたく **genius:**《タイトル》天才、鬼才 **produce:**〜を生み出す **keep doing:**〜し続ける	**over and over again:**何度も何度も、何回となく **Bay Area:**サンフランシスコ湾岸地区 **in particular:**特に、とりわけ **erupt:**突然起こる **sort of:**いわば、どちらかといえば	**counterculture:**対抗文化、反体制文化 **free-speech movement:**フリースピーチ・ムーブメント、言論の自由運動　▶1960年代にカリフォルニア大学バークレー校で起きた反体制学生運動。同校のリベラルな校風は、このムーブメントによって形成されたともいわれる。

伝記本の著者が明かす
カリスマの素顔

CNN まずはスティーブ・ジョブズを生んだ当時のアメリカについてうかがいましょう。

アイザックソン ジョブズは何度となく口にしていました、70年代初頭のカリフォルニアで——とりわけ、サンフランシスコ・ベイエリアでは——ふたつの偉大な文化が突如として生まれたんだ、とね。ひとつは、いわゆるカウンターカルチャーです——フリースピーチ・ムーブメント、ヒッピー文化、グレイトフル・デッドやジャニス・ジョプリンのような音楽など、反体制的な芸術の急増ですね。そしてもうひとつが、エレクトロニクス技術のマニアによる文化です。ジョブズはその両方の合流点にいた。彼はこんなふうに言っていました、あのころの自分が熱狂的な音楽好きでありながら、エレクトロニクスマニアでもあったこと、また、カウンターカルチャーとその反骨精神を、マニアックなテクノロジー文化と融合させることができたのはすごくよかった、と。

---

hippie culture:
ヒッピー文化　▶平和や自由を愛し、伝統的な社会や制度を否定し、個人の魂の解放を訴えた文化。
Grateful Dead:
グレイトフル・デッド　▶1965年に結成されたサンフランシスコ出身のロックバンド。

Janis Joplin:
ジャニス・ジョプリン　▶1960年代を代表する米女性ロックシンガー。27歳の若さで他界。
explosion:
爆発的増加、急増
rebellious:
反抗的な、反逆の
secondly:
第二に、次に

geeky:
マニアックな、おたく系の
confluence:
合流、合流点
passionately:
情熱的に、熱烈に
merger:
融合、混合
merge A with B:
AとBを融合させる、混合させる

Rebel, Geek and Genius

■ ジョブズの高校生活は？

CNN　His experience of high school was happy?

Issacson　It was happy. He was a bit of a rebel, a bit of a misfit, as he said of his whole life. But he found people—including Wozniak, who had graduated a couple of years earlier but was still, sort of, emotionally a high school kid, so they hung out together.

　Wozniak is at the other extreme. He's the best engineer you can imagine, as Steve Jobs says. But when he creates something—including the blue box, which was the first thing they created, which ripped off the phone company for long distance—you know, Woz wants to give it out to all their friends. And Steve says, "No, no, no. I can make a really cool case for it, we can package it, and we can sell it for $66 apiece," or whatever, "and make some money."

　That's the pattern. Steve Jobs is the entrepreneur. He knows how to make insanely, you know, great products, well packaged, and sell them. And Woz is just this engineer who writes wonderful, you know, code and circuit boards.

---

experience:
経験、体験
a bit of a:
ちょっとした
misfit:
はみ出し者、不適応者
including:
〜を含めて、〜をはじめとして
(Steve) Wozniak:
(スティーブ・) ウォズニアック

graduate:
卒業する、学位を得る
emotionally:
精神的に、感情的に
hang out:
うろつく、ブラブラする
the other extreme:
正反対、対極
imagine:
〜を想像する、心に描く

create:
〜をつくり出す、創出する
blue box:
ブルーボックス　▶長距離電話の通話料をごまかす違法マシン。ジョブズとウォズニアックは、雑誌『エスクァイア』1971年10月号に掲載された記事を読み、同装置の技術資料を調べ、自分たちで同装置を作り上げた。

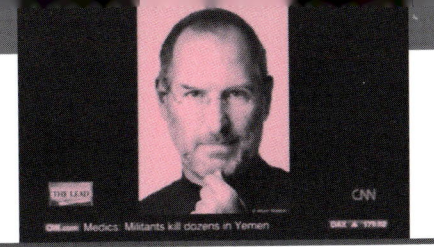

伝記本の著者が明かす
カリスマの素顔

CNN　彼の高校生活は楽しいものだったんですか。

アイザックソン　楽しいものでしたね。少し反抗的で、少々はみ出し者でしたが。本人に言わせると、生涯ずっとそんな調子だったそうです。それでも出会いがありました——ウォズニアックもそのひとりです。彼の方が2年ばかり早く卒業したんですが、気持ちの上では、何というか、相変わらず高校生だったので、ふたりはよく一緒につるんでいました。

　ウォズニアックはジョブズと正反対の人間です。何しろ想像しうる最高のエンジニアです、スティーブ・ジョブズも言っている通り。しかし、ウォズは何か作ると——例のブルーボックスもそうです。初めてふたりで作ったのがそれなんですが、電話会社の長距離通話料をごまかすという代物でね。そういうとき、ウォズは友人全員にあげてしまおうとする。で、スティーブが言うんです、「だめだめ。僕がかっこいいケースを作るから、ちゃんとしたパッケージに入れよう。そうしたら1個66ドルで」——まあそのくらいの金額だと思うけど——「それを売って、ちょっとしたお金もうけができるぞ」と。

　これがお決まりのパターンでね。スティーブ・ジョブズの方が起業家なんです。とてつもなくすごいものを作って、きれいにパッケージして、売るためのノウハウを心得ている。ウォズの方は根っからの技術者で、見事なソースコードと回路図を書くというわけです。

---

rip off:
〜から金品をだまし取る、〜を食い物にする
long distance:
長距離、長距離電話
give A out to B:
AをBに配る、ばらまく
package:
〜をきれいに包む、パッケージする

apiece:
1個につき、1個当たり
or whatever:
…とか何とか
make money:
金をもうける
entrepreneur:
起業家

insanely:
ばかみたいに、とんでもなく
code:
（ソフトウエアの元となる）プログラムコード、ソースコード
circuit board:
回路基板　▶ここでは「回路図」を指す。

Rebel, Geek and Genius

■最高の商品を消費者に届ける

CNN　We think of innovation as entirely a scientific idea, you know? But the innovation is often a kind of business innovation.

Issacson　What Steve Jobs is able to do is pull together the emotions of everything—the emotions of a great interface, a great design, great technology, but great marketing, great advertising, great packaging. What is an entrepreneur? Well, it's not necessarily the guy who writes the code; it's the guy who says, "I know how to make people emotionally connect with this."

innovation: （技術などの）革新、新機軸 **entirely:** まったく、完全に	**scientific:** 科学的な、科学上の **a kind of:** 一種の〜、〜のようなもの	**pull together:** 〜をまとめる、集める **emotion:** 感情、感性

伝記本の著者が明かす
カリスマの素顔

CNN イノベーションは、もっぱら科学的なアイデアだと思いがちですよね。ですが、イノベーションがビジネス上のアイデアである場合も多々あります。

アイザックソン スティーブ・ジョブズには、物事がわき起こす感情をまとめる力があるんです──最高のインターフェース、最高のデザイン、最高のテクノロジーに加えて、最高のマーケティング、最高の広告、最高のパッケージなどがもたらす感情をね。起業家とは何だと思います？ そう、ソースコードが書ける人間でなくてもかまわない。むしろ、こんなことが言える人間なんですよ、「人々の感情をこの商品につなげる方法を知っている」と。

interface: インターフェース ▶コンピューターと周辺機器を接続するための規格や仕様、またはユーザーがコンピューターなどを利用するための操作方法や概念のこと。	**advertising:** 広告、宣伝 **not necessarily:** 必ずしも〜ない、〜とは限らない	**guy:** 男、やつ **connect with:** 〜とつながる、関係を持つ

Rebel, Geek and Genius

■ジョブズは他者に頼らない

CNN　I mean, this is a guy who doesn't believe in committee meetings, doesn't believe in market research, doesn't believe in being nice to people.

Issacson　At the very first retreat that they take when they're doing the original Macintosh, somebody says, "Well, we should do some market research." He says, "How do people know what they want until we've shown them?" You know, and he quoted Henry Ford saying, "If I had done market research, people would tell me what they wanted was a faster horse."

I mean: つまり、言いたいのは **believe in:** 〜の正当性を信じる、〜を信頼する	**committee:** 委員会 **market research:** 市場調査、マーケットリサーチ
be nice to: 〜に愛想よくする、親切にする **the very first:** 一番最初の、本当に最初の	

伝記本の著者が明かす
カリスマの素顔

CNN つまり、このジョブズときたら、委員会決議などには頼らないし、市場調査も信じない、人に親切にする方がよいとも思っていない、そういう人物ですよね。

アイザックソン 初代マッキントッシュ開発時の最初の研究合宿の話ですが、だれかが「とにかく市場調査をすべきだ」と言ったんです。するとジョブズは「何が欲しいかなんて、実際に見せられるまで回答者本人にも分からない」と言い、ヘンリー・フォードの言葉を引用したんです、「(車が一般的に知られていない時代に) 市場調査をやったとしても、(車ではなく) より速い馬が欲しいと言われただけだろう」と。

retreat: ▶「静養先」や「静修」という意味だが、「研究合宿」のような意味で使われている。ジョブズは、マッキントッシュ開発チームに会社から離れた保養地で研究に努めたりする合宿を行っていた。	**show:** 〜に見せる、示す **quote:** 〜を引用する	**Henry Ford:** ヘンリー・フォード ▶「自動車王」の異名をとるフォード・モーター創業者。大量生産方式を開発して、自動車を一般大衆に普及させた。1863年生まれ、1947年没。

Rebel, Geek and Genius

■ジョブズとビル・ゲイツ

CNN　Steve Jobs and Bill Gates are born the same year; build two great technology companies; couldn't be [two more] different people.

Issacson　The deep, philosophical difference between Bill Gates and Steve Jobs is Steve has this temperament of an artist. He wants end-to-end control—he wants to control the hardware, the software, the device, everything—so that you have a seamless, beautiful, integrated user experience. Bill Gates feels we should have more consumer choice. "We'll create Windows, but we'll license it to HP and Dell and Compaq and a…IBM and all sorts of computer makers." By the end, Microsoft has more than 90 percent of the market share; people think its model has worked better. Then cycles turn; this is why it's a complex relationship.

Bill Gates: ビル・ゲイツ　▶マイクロソフト社の共同創業者兼会長、ビル＆メリンダ・ゲイツ財団共同会長。1955年シアトル生まれ。 **be born:** 生まれる、誕生する **philosophical:** 哲学の、理念的な	**temperament:** 気質、気性 **end-to-end:** 徹底した、端から端までの **device:** 機器 **so that:** 〜となるように、〜にするために	**seamless:** 継ぎ目のない、完全に一体化された **integrated:** 融和した、統合された **user experience:** ユーザー体験、使用体験 **consumer:** 消費者

伝記本の著者が明かす
カリスマの素顔

CNN 　スティーブ・ジョブズとビル・ゲイツは同じ年の生まれで、ふたつの巨大テクノロジー企業を築きました。とはいえ、ふたりは（これ以上違うことはありえないというほど）似ても似つきませんね。

アイザックソン　ビル・ゲイツとスティーブ・ジョブズとの間の深い、ビジネス哲学の違いは、スティーブが芸術家肌だということです。彼が望むのは徹底したコントロールです──ハードウエア、ソフトウエア、デバイス、すべてをコントロールしたいんですよ。消費者が一貫性のある、素晴らしい、統合された使用体験を持てるようにね。一方ビル・ゲイツは、消費者には幅広い選択肢があるべきだと考えています。「われわれマイクロソフトはウィンドウズを作るが、ヒューレット・パッカード、デル、コンパック、IBM、ありとあらゆるコンピューターメーカーに使用許諾を与えよう」というふうにね。結局、マイクロソフトは90％以上のマーケットシェアを握るようになります。みんなマイクロソフトのビジネスモデルの方がうまくいったと考えていました。でも、また流れが変わったんです。だからこそ複雑な関係なんです。

---

choice:
選択肢、選択の範囲
license A to B:
BにAの使用を許諾する、BにAの使用許可を与える
HP:
＝Hewlett-Packard Co.　ヒューレット・パッカード社

all sort of:
あらゆる種類の、さまざまな
by the end:
しまいには、最後には
market share:
市場占有率、マーケットシェア
work well:
うまくいく、図に当たる

this is why:
これが～である理由だ、こういうわけで～となっている
complex:
複雑な、込み入った
relationship:
関係、関連性

Rebel, Geek and Genius

■ゲイツがジョブズを見舞った

Issacson　In the end, one of the scenes I love: Bill Gates visits him a few months ago when Steve is sick, on medical leave, and they spend, you know, three, four hours just reminiscing about being the old men of the computer industry. And they're both, sort of, nice to each other. At the end, Bill says, "You know, your model worked, the integrated model. I never thought it could work." Steve says, "Your model worked as well." But in the end, then, Steve said to me, "Yeah, but he didn't make great products." And Bill said, "It could only have been Steve who could have integrated it; the model doesn't make a lot of sense." And you just see that both respect and wariness, and understanding and affection, but also rivalry they had with each other.

in the end: 最後に、結局	**on medical leave:** 病気休暇で、医療休暇で	**industry:** 産業、業界
scene: 場面、シーン	**spend...doing:** …(時間)を〜して過ごす	**work:** うまくいく、軌道に乗る
sick: 病気の、病気になった	**reminisce about:** 〜の思い出にふける、〜の思い出話をする	**as well:** 同様に

伝記本の著者が明かす カリスマの素顔

アイザックソン　彼らの最後のやり取りで、私が大好きな場面のひとつなんですが、今から2、3カ月前、スティーブが病に倒れて病気休暇に入ったときに、ビル・ゲイツが面会に来るんです。それで、3、4時間ですかね、ふたりでコンピューター業界の古株らしい昔話に興じる。和気あいあいという感じでね。最後に、ビルが言うんです、「君のビジネスモデルは成功したな。あの（ソフトとハードの両方を手がけた）一体型モデルは。あれが成功するとは思ってもいなかった」と。スティーブはこう応じる、「君のモデルも成功したじゃないか」と。でも、その後に、スティーブは私にこう言った、「それにしても彼が作ったのは優れた製品とはいえないね」と。ビルも後でこんなことを言ったんです、「一体型モデルで成功できたのはスティーブぐらいだろうな。ビジネスモデルとしてはどうもピンとこないよ」と。敬意と警戒心、そして理解と好意を示しながらも、お互いにライバル心を抱いているのが分かりますよね。

---

integrate:
〜を統合する、一体化する
make sense:
納得できる、道理にかなう
both:
両方の、双方の

respect:
尊敬、敬意
wariness:
用心深さ、慎重さ

affection:
好意、優しい気持ち
rivalry:
対抗意識、競争意識

Rebel, Geek and Genius

■ジョブズは現代のエジソン

Issacson　You know, Edison transforms the music industry with the phonograph. I would suggest iTunes and the iPod have transformed the music industry fundamentally in the same way the phonograph does. You know, the iPad has transformed publishing. The iPhone has totally transformed what our digital devices are. He's transformed the notion that a computer should be friendly and in your home. The home-computer revolution is more dependent on the Mac than anything else.

| (Thomas) Edison:
（トーマス・）エジソン　▶アメリカの発明家。電球をはじめ、生涯約1300もの発明をしたことにより「発明王」として知られる。1847年生まれ、1931年没。アイザックソンはエジソンの伝記も出版している。 | transform A with B:
BでAを変える、一変させる
phonograph:
蓄音機
suggest (that):
〜を提言する、〜だと示唆する | fundamentally:
根本的に、基礎から
totally:
全体的に、すっかり
He's transformed the notion that...:
▶He's transformed (the computer industry with) the notion that...という意味で言ったと思われる。 |

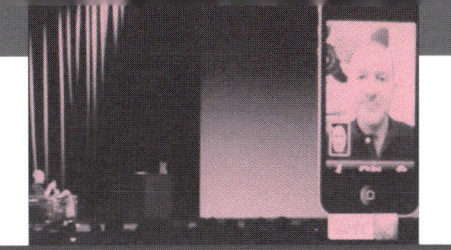

伝記本の著者が明かす カリスマの素顔

アイザックソン ほら、エジソンが蓄音機で音楽業界を変えたでしょう？ 私としてはこう思うんです、iTunesとiPodは蓄音機と同じように音楽業界を根本から変えた、と。それに、iPadは出版業界を変えた。iPhoneはデジタル機器のあり方を一変させた。ジョブズはコンピューター業界を変えたんです、コンピューターは使いやすくて家にあるべきものだ、という概念で。ホームコンピューター革命は何よりもマックのおかげなんですよ。

（2012年3月号掲載）（訳　安野玲）

notion: 概念、考え方 **friendly:** 〈機械などが〉使いやすい、扱いやすい **revolution:** 革命、大変革	**be dependent on:** ～に依存している、～のおかげである	**Mac:** マック　▶アップルが1984年から販売しているパソコン・シリーズMacintosh（マッキントッシュ）の略称。

Stay Hungry, Stay Foolish
伝説のスタンフォード大学スピーチ

話題の新商品のプレゼンを数多くこなし、同時代最高のプレゼンターとも目されたスティーブ・ジョブズだが、公でのスピーチとなると、なぜかあまり記録されていない。
しかし、その数少ない中のひとつ、2005年6月12日にスタンフォード大学の卒業生に向けてなされたスピーチは、まさにジョブズらしい型破りで感動に満ちたものとして伝説化されている。
CNNは、ジョブズが亡くなった2011年10月5日、看板番組「アンダーソン・クーパー360°」の中で、死に関する考察も含まれているそのスピーチを紹介した。

写真：AP／アフロ

Stay Hungry, Stay Foolish

■アンカー部分

CNN   Our breaking news tonight, Steve Jobs dead at the age of 56. He once recruited a top executive to Apple by asking him, "Do you want to spend the rest of your life selling sugared water, or do you want to change the world?" Whether it came to products or words, Steve Jobs had the touch. That way...that way with words held true over the years, including this moment speaking to graduates at his hometown university, Stanford.

stay: 《タイトル》〜のままでいる、〜の状態にとどまる **hungry:** 《タイトル》飢えた、強く求めている **foolish:** 《タイトル》愚かな、分別のない	**breaking news:** 臨時ニュース、ニュース速報 **dead at the age of:** 〜歳で死んだ、亡くなった **once:** かつて、あるとき **recruit:** 〜を雇い入れる、スカウトする	**top executive:** 最高幹部、経営首脳 **spend...doing:** …(時間)を〜して過ごす、〜するのに…を費やす **the rest of one's life:** 余生、これからずっと

伝説の
スタンフォード大学スピーチ

CNN 今夜の臨時ニュースです。スティーブ・ジョブズ氏が56歳で亡くなりました。ジョブズ氏はかつて、アップル社に経営トップをスカウトするにあたり、「君はこれからもずっと砂糖水を売って過ごしたいのか、それとも世界を変えたいのか」と尋ねて口説きました。製品に関してであれ言葉に関してであれ、スティーブ・ジョブズ氏は優れたセンスを持っていました。そうした面は……言葉に関しての彼のそうした面は長年にわたって見受けられましたが、その例としてこれからご紹介するのは、彼の地元のスタンフォード大学で卒業生に向けて行ったスピーチです。

sugared water: 砂糖水 **it comes to:** 〜のことになる、〜に関して言う **product:** 製品、生産品	**have a/the touch:** 才能がある、こつを心得ている **hold true:** 当てはまる、同じことが言える **including:** 〜を含めて、〜などの	**moment:** 短い時間、時点 **graduate:** 卒業生、学士 **hometown:** 地元の、故郷の

Stay Hungry, Stay Foolish

■ひとつ目は点と点をつなぐ話

Thank you. I'm honored to be with you today for your commencement from one of the finest universities in the world. Truth be told, I never graduated from college and this is the closest I've ever gotten to a college graduation.

Today I want to tell you three stories from my life. That's it. No big deal. Just three stories.

The first story is about connecting the dots.

I dropped out of Reed College after the first six months but then stayed around as a drop-in for another 18 months or so before I really quit. So why did I drop out?

---

be honored to be:
〜であることを光栄に思う
commencement:
卒業式、学位授与式
fine:
①優良な、素晴らしい ②元気な

truth be told:
実をいうと、実のところ
graduate from:
〜を卒業する
get close to:
〜に近づく、接近する

graduation:
卒業
That's it.:
ただそれだけだ、それでおしまいだ
no big deal:
大したことではない

伝説の
スタンフォード大学スピーチ

　ありがとうございます。本日は、世界最高の大学のひとつで卒業式を迎えられる皆さんとご一緒できて、とても光栄です。実のところ、私は大学を出ていません。ですから、これが、私にとっては大学卒業に最も近い経験ということになります。
　今日、皆さんにお伝えしたいのは、私の人生に基づく3つのお話です。それだけです。大したことではありません。たった3つのお話です。
　最初のお話のテーマは、点と点を結ぶことです。
　私はリード大学を最初の半年で中退しましたが、その後も18カ月ほどはモグリの学生として大学に居座り、それから実際に退学したのです。だとしたら、私はなぜ中退したのでしょう？

---

connect the dots:
点と点を結ぶ、点を結んで全体像を描く

drop out of:
〜を途中で辞める、中退する

stay around:
留まる、そばにいる

drop-in:
ふらりと聴講に来る人、モグリの受講者

or so:
…かそこら、…ぐらい

quit:
辞める、退学する

Stay Hungry, Stay Foolish

■私の人生の始まり

　It started before I was born. My biological mother was a young, unwed graduate student, and she decided to put me up for adoption. She felt very strongly that I should be adopted by college graduates, so everything was all set for me to be adopted at birth by a lawyer and his wife, except that when I popped out, they decided at the last minute that they really wanted a girl. So my parents, who were on a waiting list, got a call in the middle of the night asking, "We've got an unexpected baby boy. Do you want him?" They said, "Of course."

　My biological mother found out later that my mother had never graduated from college and that my father had never graduated from high school. She refused to sign the final adoption papers. She only relented a few months later when my parents promised that I would go to college. This was the start in my life.

biological mother: 生物学上の母親、生みの母 **unwed:** 未婚の、結婚していない **graduate student:** 大学院生 **decide to do:** 〜することを決意する、決断する	**put A up for B:** AをBの候補とする、候補として出す **adoption:** 養子縁組 **feel that:** 〜であると感じる、思う **adopt:** 〜を養子にする	**college graduate:** 大学卒業者、大卒者 **be set for...to do:** …が〜できるように準備が整っている **at birth:** 出生時に、生まれた時点で **lawyer:** 弁護士

伝説の
スタンフォード大学スピーチ

　始まりは私が生まれるよりも前でした。私の生みの母は、若い未婚の大学院生だったため、私を養子に出そうと決心したのです。彼女がこだわったのは、私の養子先は大卒者の家庭でなければ、ということでした。それで、私が生まれたらすぐ弁護士夫婦に引き取られるよう、準備万端整えられていたのです。ところが、いざ私が生まれたときに弁護士夫婦が土壇場で下した判断は、自分たちが本当に欲しいのは女の子だ、というものでした。それで、養子待ちのリストに載っていた私の両親が真夜中に電話を受け、「こちらに予定外の男の赤ちゃんがいます。希望されますか」と聞かれたのです。両親の答えは、「もちろん」でした。

　生みの母は、私の母が大卒ではなく父は高校すら出ていないということを、後から知りました。彼女は養子縁組の最終書類に署名することを拒否しました。彼女がようやく折れたのは、数カ月後、私を大学に行かせると両親が約束したときでした。これが、私の人生の始まりだったのです。

---

except that:
～ということがなければ、ただし、～であるが
pop out:
飛び出す、生まれ出る
decide that:
～であると判断する、～であるという結論を下す
waiting list:
待機リスト、順番待ちの名簿
get a call:
電話を受ける
unexpected:
予期しない、予想外の
find out that:
～であると分かる、知るに至る
refuse to do:
～することを拒否する、断る
sign:
～に署名する、サインする
paper:
文書、書類
only:
やっと、ようやく
relent:
態度を和らげる、気持ちがほぐれる
promise:
～を約束する

Stay Hungry, Stay Foolish

■大学中退を決断した

　And 17 years later, I did go to college, but I naively chose a college that was almost as expensive as Stanford, and all of my working-class parents' savings were being spent on my college tuition.

　After six months, I couldn't see the value in it. I had no idea what I wanted to do with my life, and no idea how college was going to help me figure it out, and here I was, spending all the money my parents had saved their entire life. So I decided to drop out and trust that it would all work out OK.

　It was pretty scary at the time, but looking back, it was one of the best decisions I ever made. The minute I dropped out, I could stop taking the required classes that didn't interest me and begin dropping in on the ones that looked far more interesting.

naively: 無邪気に、世間知らずにも **almost:** ほとんど、ほぼ **expensive:** 費用のかかる、高額の **working-class:** 労働者階級の **savings:** ためた金、貯金	**spend A on B:** AをBに費やす、使う **tuition:** 授業料 **value:** 価値、値打ち **have no idea:** まったく分からない、見当もつかない	**help...do:** …が～するのを手伝う、…が～するのに役立つ **figure...out:** …の答えを見つけ出す、…を解明する **save money:** 貯金する、お金をためる **entire:** 全部の、全体の

伝説の
スタンフォード大学スピーチ

　そして17年後、私は本当に大学に入学しました。しかし、世間知らずな私が選んだのは、スタンフォード並みに学費の高い大学だったのです。そのため、労働者階級である両親の蓄えは、私の学費の支払いですべてなくなってしまいそうでした。

　6カ月後、私は大学に価値を見いだせずにいました。自分が人生でやりたいことは何なのかさっぱり分かりませんでしたし、その答えを見つけるうえで大学がどう役立つのかもまったく分かりませんでした。それなのに、自分はそこにいて、両親が生涯をかけて蓄えたお金をすべて使い切ろうとしていたのです。それゆえ私は中退の決断をしたのですが、それですべてがうまくいくと信じていました。

　そうした決断をすることはそのときはかなり恐ろしかったのですが、振り返ってみると、これまでに下した決断の中でも最良のもののひとつでした。中退した途端、興味の持てない必修科目は取るのをやめて、もっとはるかに面白そうな科目にもぐりこむことができるようになったからです。

---

trust that:
〜であると信じる
work out:
結局〜になる、〜という結果になる
pretty:
かなり、非常に
scary:
恐ろしい、怖い

looking back:
振り返ってみると、今になって思うと
make a decision:
決心する、決断を下す
stop doing:
〜するのをやめる
required class:
必須科目、必修科目

interest:
〜の興味を引く
drop in on:
〜の聴講にふらりと来る、〜をモグリで受講する
far more:
はるかに多く、もっとずっと

Stay Hungry, Stay Foolish

■好奇心と直感に従って出合ったものの大切さ

It wasn't all romantic. I didn't have a dorm room, so I slept on the floor in friends' rooms. I returned Coke bottles for the five-cent deposits to buy food with, and I would walk the seven miles across town every Sunday night to get one good meal a week at the Hare Krishna temple. I loved it. And much of what I stumbled into by following my curiosity and intuition turned out to be priceless later on. Let me give you one example.

Reed College at that time offered perhaps the best calligraphy instruction in the country. Throughout the campus every poster, every label on every drawer was beautifully hand-calligraphed. Because I had dropped out and didn't have to take the normal classes, I decided to take a calligraphy class to learn how to do this. I learned about serif and sans-serif typefaces, about varying the amount of space between different letter combinations, about what makes great typography great. It was beautiful, historical, artistically subtle in a way that science can't capture, and I found it fascinating.

romantic: 物語のような、夢のような **dorm:** ＝dormitory 学生寮、寄宿舎 **deposit:** 手付け金、預け金 **Hare Krishna:** ハレークリシュナ ▶米国で活動する新興宗教団体「クリシュナ意識国際協会」の俗称。	**stumble into:** 〜に偶然出合う、遭遇する **curiosity:** 好奇心 **intuition:** 直感、直感力 **turn out to be:** 結局〜であると分かる	**priceless:** 金で買えないほどの、非常に価値のある **later on:** 後で、後になって **offer:** 〜を提供する **calligraphy:** 書道、カリグラフィー

伝説の
スタンフォード大学スピーチ

　夢のようなことばかりとはいきませんでした。私には寮の部屋もありませんでしたから、いろいろな友人の部屋で床に寝ていました。コカ・コーラの瓶を店に返して預け金の5セントを戻してもらい、それで食べ物を買うということもしました。また、毎週日曜の夜には、7マイル（約11.3キロメートル）歩いて町の向こうまで行き、ハレークリシュナ寺院で週に一度のご馳走にありついたものです。あれは大好きでした。そして、好奇心と直感に従うことで出合ったものの多くは、後になって、掛け替えのないものだと分かりました。一例をご紹介しましょう。

　当時のリード大学は、おそらく国内最高といえるカリグラフィー教育を提供していました。キャンパスの至る所に見られるポスターのどれもが、戸棚ひとつひとつに貼られたラベルのどれもが、美しいデザインの文字で手書きされていたのです。私はすでに中退していて普通の授業を取る必要はありませんでしたから、カリグラフィーの授業に出て、そのやり方を身につけようと心に決めました。セリフやサンセリフといった書体について学びましたし、いろいろな文字の組み合わせに応じて字間スペースを変えるやり方や、素晴らしいタイポグラフィーを素晴らしいものたらしめているのは何か、といったことについても学びました。それは美しく、歴史があり、科学がとらえきれないような芸術的繊細さを宿したものです。ですから、私はそれに強く惹かれました。

---

instruction:
教授、教育
throughout:
〜の至る所に
drawer:
引き出し、戸棚
hand-calligraphed:
書道式に手書きされた
typeface:
書体

vary:
〜を変える、変化させる
the amount of:
〜の総計、総量
letter:
文字
combination:
組み合わせ
typography:
文字組み、タイポグラフィー

artistically:
芸術的に、芸術上
subtle:
緻密な、繊細な
capture:
〜をとらえる
fascinating:
魅惑的な、興味をそそられる

Stay Hungry, Stay Foolish

■ 10年後によみがえった記憶

None of this had even a hope of any practical application in my life. But 10 years later when we were designing the first Macintosh computer, it all came back to me, and we designed it all into the Mac. It was the first computer with beautiful typography.

If I had never dropped in on that single course in college, the Mac would have never had multiple typefaces or proportionally spaced fonts, and since Windows just copied the Mac, it's likely that no personal computer would have them. If I had never dropped out, I would have never dropped in on that calligraphy class and personal computers might not have the wonderful typography that they do.

| hope:
見込み、望み
practical:
実際の、実用上の | application:
適用、活用
design:
〜をデザインする、設計する | come back to:
〜に思い出される、〜の脳裏によみがえる
multiple:
多様な、複数の |

伝説の
スタンフォード大学スピーチ

　それを人生で実際に役立たせたいなどとは、まったく思っていませんでした。しかし10年後、われわれが最初のマッキントッシュ・コンピューターを設計しているときに、それが一気に私の脳裏によみがえってきたのです。そこでわれわれは、設計段階で、そのすべてをマックに取り込みました。マックは、美しいタイポグラフィーを備えた初めてのコンピューターになったのです。

　もしも私が大学であの授業にもぐりこんでいなかったら、マックが複数の書体やプロポーショナルフォントを持つことはなかったでしょう。それに、ウィンドウズはマックをまねただけですから、パソコンがそれらを持つこともなかっただろうと思われます。もしも私が中退していなかったら、あのカリグラフィーの授業にもぐりこむことはなかったでしょうし、パソコンが現在のような素晴らしいタイポグラフィーを備えることもなかったかもしれません。

proportionally spaced font:	copy:	personal computer:
プロポーショナルフォント　▶どの文字も左右幅が同じ等幅フォント（fixed-width font）に対し、文字ごとに適した幅でデザインされたフォントを指す。	〜をコピーする、まねる **it is likely that:** 〜ということになりそうだ、〜であることが起こりうる	パーソナルコンピューター、パソコン　▶複数形は通常personal computers。ただし、まれにpersonal<u>s</u> computer<u>s</u>と言うこともある。

Stay Hungry, Stay Foolish

■点と点がやがてつながると信じよう

　Of course it was impossible to connect the dots looking forward when I was in college, but it was very, very clear looking backwards 10 years later.

　Again, you can't connect the dots looking forward. You can only connect them looking backwards, so you have to trust that the dots will somehow connect in your future. You have to trust in something—your gut, destiny, life, karma, whatever—because believing that the dots will connect down the road will give you the confidence to follow your heart, even when it leads you off the well-worn path, and that will make all the difference.

look forward: 前方を見る、将来に目を向ける **clear:** はっきりした、明確な **look backward:** 後方を見る、過去を振り返る	**somehow:** どうにかして、何らかの形で **connect:** つながる、結びつく **in one's future:** 将来において、将来的に	**trust in:** 〜を信じる、信頼する **gut:** 勇気、根性 **destiny:** 運命、宿命

伝説の
スタンフォード大学スピーチ

　もちろん、私が大学生だったころは、将来を見据えながら点と点を結ぶということなどできませんでした。しかし、10年経ってから振り返ってみると、とてもとてもはっきり見えました。

　もう一度言いますが、将来を見据えながら点と点を結ぶということなど、皆さんにはできません。できるのは、振り返りながら点と点を結ぶということだけです。ですから、皆さんは、点と点が将来何らかの形でつながると信じるしかないのです。皆さんは何かを信じるべきです――自分の勇気であれ運命であれ、人生であれカルマであれ何であれ――なぜなら、点と点が将来いつかはつながると信じることで、たとえそれが人並みの人生街道から外れることにつながろうとも、自分の心に従うことに自信が持てるようになるからです。そして、このことがもたらす違いは大きいのです。

---

karma:
（仏教、ヒンズー教の）カルマ、因縁（いんねん）

whatever:
何でも、どんなものでも

down the road:
先々、将来いつか

confidence:
確信、自信

follow one's heart:
自分の心に従う、心の命ずるままに行動する

lead A off B:
AをBから離れさせる、Bとは違う方向に導く

well-worn:
月並みな、陳腐な

path:
（人生の）道筋、生き方

make all the difference:
大きな違いをもたらす、大きな変化を生じさせる

Stay Hungry, Stay Foolish

■ふたつ目は愛と失意の話

My second story is about love and loss.

I was lucky. I found what I loved to do early in life. Woz and I started Apple in my parents' garage when I was 20. We worked hard, and in 10 years, Apple had grown from just the two of us in a garage into a $2 billion company with over 4,000 employees. We'd just released our finest creation, the Macintosh, a year earlier, and I'd just turned 30, and then I got fired. How can you get fired from a company you started?

Well, as Apple grew, we hired someone who I thought was very talented to run the company with me, and for the first year or so, things went well. But then our visions of the future began to diverge, and eventually we had a falling out. When we did, our board of directors sided with him, and so at 30, I was out, and very publicly out. What had been the focus of my entire adult life was gone, and it was devastating.

loss: 喪失感、虚しさ	**grow from A into B:** AからBへ成長する、大きくなる	**creation:** 創作物、作品
love to do: 〜したい、〜するのが大好きだ	**billion:** 10億	**turn:** 〜歳になる
Woz: = (Steve) Wozniac（スティーブ・）ウォズニアック ▶アップル社の共同創業者のひとり。	**employee:** 従業員、社員	**get fired:** クビになる、解雇される
	release: 〜を発表する、発売する	**hire:** 〜を雇う、雇用する
garage: 車庫、ガレージ	**fine:** 上質の、優れた	**talented:** 才能のある、有能な

伝説の
スタンフォード大学スピーチ

　ふたつ目のお話のテーマは、愛と失意です。
　私は幸運でした。人生の早い段階で、自分が何をしたいのかを知ることができたからです。ウォズと私が私の実家のガレージでアップルを立ち上げたのは、私が20歳の時でした。われわれが懸命に働いた結果、10年後のアップルは、ガレージにわれわれふたりしかいなかった状態から、従業員4000人以上を抱える20億ドル企業にまで成長していました。ところが、われわれの最高傑作であるマッキントッシュを発表してからわずか1年後、私が30歳になってから間もなく、私はクビになったのです。どうしたら自分の立ち上げた会社をクビになるなんてことがありうるのでしょうか？
　さて、アップルが大きくなってきていたため、われわれは、私が非常に有能だと思った人物を雇い入れ、私と一緒に会社経営の任にあたってもらうことにしました。そして、最初の1年間ほどはうまくいっていたのです。しかし、その後、彼と私の間で今後の展望に開きが生じ始め、最終的には決裂してしまいました。そうなったとき、取締役会は彼の側についたのです。そのため、私は30歳にして追放を、まさに公然とした追放を受けたのです。大人になって以来ずっと人生の中心にあったものが失われたのですから、それは悲惨なものでした。

---

run:
〜を運営する、経営する
or so:
…かそこら、…ぐらい
things go well:
事がうまく運ぶ、うまくいく
vision:
展望、構想
diverge:
分かれる、分岐する

eventually:
結局は、最終的には
falling out:
仲たがい、けんか
board of directors:
取締役会、役員会
side with:
〜の側につく、〜に味方する
publicly:
公然と、おおっぴらに

focus:
焦点、中心
entire:
全体の、全部の
adult life:
成人期
gone:
失われた、だめになった
devastating:
壊滅的な、悲惨な

Stay Hungry, Stay Foolish

■失敗しても自分の仕事を愛していた

　I really didn't know what to do for a few months. I felt that I had let the previous generation of entrepreneurs down, that I had dropped the baton as it was being passed to me. I met with David Packard and Bob Noyce and tried to apologize for screwing up so badly. I was a very public failure and I even thought about running away from the Valley.

　But something slowly began to dawn on me. I still loved what I did. The turn of events at Apple had not changed that one bit. I'd been rejected but I was still in love. And so I decided to start over.

let...down: …を失望させる、…の期待を裏切る **previous generation:** 前の世代、先行世代 **entrepreneur:** 起業家 **pass the baton:** バトンを渡す、バトンタッチする	**David Packard:** デビッド・パッカード　▶パソコン関連企業最大手のひとつであるヒューレット・パッカード（HP）社の共同創業者。 **Bob Noyce:** ボブ・ノイス　▶インテル社の共同創業者のひとりで、「シリコンバレーの父」とも呼ばれる。	**try to do:** 〜しようとする、〜しようと試みる **apologize for:** 〜について謝罪する、〜を詫びる **screw up:** 台なしにする、めちゃくちゃにする

伝説の
スタンフォード大学スピーチ

　どうしたらよいのか、数カ月の間、私には本当に分かりませんでした。先行世代の起業家たちの期待を裏切ってしまったという思いや、自分にバトンが渡されようとしているときにそのバトンを落としてしまったという思いが、私にはありました。デビッド・パッカードとボブ・ノイスに会って、ひどく台なしにしてしまったことを謝罪しようとしたりもしました。私は失敗者として衆目にさらされていましたから、シリコンバレーから逃げ出すことも考えました。

　しかし、私にも何かが徐々に見えてきました。私はまだ自分の仕事を愛していました。アップルでの出来事があっても、それは少しも変わっていませんでした。振られてしまったのに、まだ恋し続けていたのです。それで、もう一度やり直そうと決心しました。

badly: ひどく、すごく **public:** 周知の、公知の **failure:** 失敗者、落第者 **run away from:** 〜から逃げる、逃げ出す	**the Valley:** ＝Silicon Valley　シリコンバレー ▶米国カリフォルニア州北部のサンタクララバレー一帯を指す俗称。 **dawn on:** 〜に理解され始める、〜にも分かり始める **turn of events:** 情勢の変化、事態の展開	**not one bit:** 少しも〜ない、まったく〜ない **reject:** 〜を拒絶する、拒否する **be in love:** 恋している、大好きである **start over:** やり直す、出直す

Stay Hungry, Stay Foolish

■アップル追放は人生最良の出来事だった

I didn't see it then, but it turned out that getting fired from Apple was the best thing that could have ever happened to me. The heaviness of being successful was replaced by the lightness of being a beginner again, less sure about everything. It freed me to enter one of the most creative periods in my life. During the next five years I started a company named NeXT, another company named Pixar and fell in love with an amazing woman who would become my wife. Pixar went on to create the world's first computer-animated feature film, "Toy Story," and is now the most successful animation studio in the world.

In a remarkable turn of events, Apple bought NeXT and I returned to Apple and the technology we developed at NeXT is at the heart of Apple's current renaissance, and Laurene and I have a wonderful family together.

it turns out that: 〜であるということが分かる、判明する **happen to:** 〜に起こる、発生する **heaviness:** 重さ、重苦しさ **successful:** 成功した、成功を収めた	**replace:** 〜の代わりになる、〜に取って代わる **lightness:** 軽さ **beginner:** 初心者 **(be) sure about:** 〜を確信している、〜に確信を持っている	**free...to do:** …に自由に〜させる、…が自由に〜できるようにする **enter a...period:** …の時期に入る、…の時代に突入する **creative:** 創造的な、創造力に富んだ **fall in love with:** 〜と恋に落ちる

伝説の
スタンフォード大学スピーチ

　そのときには分からなかったのですが、結局のところ、アップルをクビになったことは、私のこれまでの人生で最良の出来事でした。成功者であることの重苦しさが、もう一度駆け出し者であることの気軽さに取って代わられ、何事に対しても思い込みが薄れました。そのおかげで私は解放され、人生で最もクリエイティブな時期のひとつに入ることができたのです。その後の5年の間に、NeXTという会社と、もうひとつのピクサーという会社とを立ち上げ、さらには、後に妻となる素晴らしい女性と恋に落ちたのでした。ピクサーはやがて世界初のコンピューターアニメの長編映画『トイ・ストーリー』を制作し、今では世界で最も成功しているアニメーション・スタジオになっています。

　事態の意外な展開により、アップルがNeXTを買収したため、私はアップルに復帰しました。NeXTでわれわれが開発した技術は、現在のアップルの復興劇において中核的な役割を担っています。そして、ローレンと私は一緒に素晴らしい家庭を築いています。

amazing: 驚くような、とても素晴らしい **go on to do:** 〜する道を進む、次に〜する **create:** 〜をつくり出す、創造する **computer-animated:** コンピューターアニメの **feature film:** 長編映画	**remarkable:** 注目すべき、異例の **develop:** 〜を開発する、開拓する **be at the heart of:** 〜の核心部分である、中心的なものである **current:** 現在の、今の	**renaissance:** 復興、再生 **Laurene:** ＝Laurene Powell Jobs　ローレン・パウエル・ジョブズ　▶1995年にスティーブ・ジョブズと結婚。

Stay Hungry, Stay Foolish

■愛せる仕事を見つけよう

　I'm pretty sure none of this would have happened if I hadn't been fired from Apple. It was awful-tasting medicine but I guess the patient needed it.

　Sometime life...Sometimes life's going to hit you in the head with a brick. Don't lose faith. I'm convinced that the only thing that kept me going was that I loved what I did. You've got to find what you love, and that is as true for work as it is for your lovers. Your work is going to fill a large part of your life, and the only way to be truly satisfied is to do what you believe is great work, and the only way to do great work is to love what you do.

　If you haven't found it yet, keep looking, and don't settle. As with all matters of the heart, you'll know when you find it, and like any great relationship it just gets better and better as the years roll on. So keep looking. Don't settle.

pretty: かなり、非常に **be sure (that):** 〜であると確信している、強く信じている **awful-tasting:** ひどい味の、とても苦い **medicine:** 薬、薬物	**guess (that):** 〜であると推測する、思う **patient:** 患者 **hit A in the head with B:** Aの頭をBで殴る **brick:** れんが	**faith:** 信念、確信 **be convinced that:** 〜ということを確信している、〜であると思い込んでいる **have got to do:** ＝have to do

伝説の
スタンフォード大学スピーチ

　もしも私がアップルをクビになっていなかったら、これらのことは何ひとつ起こらなかっただろうと、私は強く信じています。それはとても苦い薬でしたが、患者にはそれが必要だったのだと、私には思えるのです。

　いつか人生には……時として人生には、れんがで頭を殴られるようなこともあります。それでも信念は失わないでください。私が前に進み続けてこれたのは、ひとえに自分の仕事が好きだったおかげだと、私は確信しています。皆さんも、自分は何が好きなのかを知る必要があります。それは恋愛においても仕事においても同じように言えることです。仕事がこれからの皆さんの人生の大きな部分を占めるようになるでしょうが、真の満足を得るための唯一の方法は、素晴らしい仕事だと自分が信じることをやることです。そして、素晴らしい仕事ができるための唯一の方法は、自分の仕事を愛することです。

　もしもまだそれを見つけていないのであれば、探し続けてください。もう落ち着く、とはならないでください。あらゆる恋愛がそうであるように、それを見つけたときには自分でも分かるものです。そして、素晴らしい恋愛関係がいつもそうであるように、それも年を重ねるごとにどんどんよくなっていきます。ですから、探し続けてください。落ち着いたりしてはいけません。

be true for: 〜にも当てはまる、〜にも言えることだ **fill:** （空間などを）うずめる、占める **truly:** 本当に、真に	**be satisfied:** 満足する、満足感を持つ **settle:** 落ち着く、安住する **as with:** 〜と同様に、〜のように	**matters of the heart:** 愛情問題、恋愛 **relationship:** 関係、恋愛関係 **roll on:** （年月が）過ぎる、経つ

Stay Hungry, Stay Foolish

■みっつ目は死に関する話

My third story is about death.

When I was 17 I read a quote that went something like "If you live each day as if it was your last, someday you'll most certainly be right." It made an impression on me, and since then, for the past 33 years, I have looked in the mirror every morning and asked myself, "If today were the last day of my life, would I want to do what I am about to do today?" And whenever the answer has been "no" for too many days in a row, I know I need to change something.

Remembering that I'll be dead soon is the most important tool I've ever encountered to help me make the big choices in life, because almost everything—all external expectations, all pride, all fear of embarrassment or failure—these things just fall away in the face of death, leaving only what is truly important. Remembering that you are going to die is the best way I know to avoid the trap of thinking you have something to lose. You are already naked. There is no reason not to follow your heart.

quote: 引用文 go: 〜と述べる、〜と書いてある someday: いつか、そのうち certainly: 確実に、間違いなく	make an impression on: 〜に感銘を与える、強い印象を与える since then: それ以来、それ以後 be about to do: まさに〜しようとしている、〜しかかっている	whenever: 〜するときはいつでも、いつ〜しようとも in a row: 連続して、続けて remember that: 〜であることを覚えておく、心に留めておく encounter: 〜に出くわす、遭遇する

伝説の
スタンフォード大学スピーチ

　みっつ目のお話のテーマは、死です。
　17歳のころ、「その日が人生の最後であるかのように毎日を生きれば、いつかその通りになることはほぼ間違いない」というような記述が引用されているのを読みました。それに感銘を受けた私は、それから33年間、毎朝鏡をのぞき込んで自問してきました、「もしも今日が人生最後の日だとしたら、今日やろうとしていることをやりたいと思うだろうか」と。その答えが「ノー」の日があまり多く続く場合には、何かを変える必要があるのだと、必ず分かります。

　自分はもうすぐ死ぬのだと意識しておくことは、私が人生の重大な選択をする際に役立つツールとして偶然に手にしたものの中でも、最も重要です。なぜなら、ほとんどすべてのこと——いろいろな外部からの期待や、自分のあらゆるプライド、混乱や失敗に対するさまざまな恐れ——こういったものは、死に直面すると消えてなくなり、真に重要なことだけが残されるからです。自分も死に向かっているのだと意識することは、自分には失うものがあるという思考の落とし穴を避けるための策として、私の知る範囲では最善です。皆さんはすでに何も身に着けていない状態なのです。自分の心に従わない理由はありません。

make a choice: 選択する **external:** 外の、外部からの **expectation:** 期待、予想 **pride:** 誇り、自尊心 **fear:** 恐れ、心配	**embarrassment:** きまり悪さ、困惑 **failure:** 失敗、不成功 **fall away:** なくなる、消えうせる **in the face of:** 〜を目の前にして、〜に直面して	**leave:** 〜を残す、そのままにしておく **avoid:** 〜を避ける、回避する **trap:** わな、落とし穴 **naked:** 裸の、何も身に着けていない

Stay Hungry, Stay Foolish

■がんで死の宣告を受けた

　About a year ago, I was diagnosed with cancer. I had a scan at 7:30 in the morning and it clearly showed a tumor on my pancreas. I didn't even know what a pancreas was. The doctors told me this was almost certainly a type of cancer that is incurable, and that I should expect to live no longer than three to six months.

　My doctor advised me to go home and get my affairs in order, which is doctors' code for "prepare to die." It means to try and tell your kids everything you thought you'd have the next 10 years to tell them, in just a few months. It means to make sure everything is buttoned up so that it will be as easy as possible for your family. It means to say your goodbyes.

diagnose A with B: AをBと診断する	**tumor:** 腫瘍	**no longer than:** 〜以下、長くても〜
cancer: がん、悪性腫瘍（しゅよう）	**pancreas:** すい臓	**advise...to do:** …に〜するよう助言する、〜することを勧める
have a scan: スキャンを受ける	**incurable:** 不治の、治療不能の	**get...in order:** …を整える、整理する
clearly: はっきりと、明確に	**expect to do:** 〜することを予期する、〜するつもりでいる	**affairs:** 私事、身辺の事柄

伝説の
スタンフォード大学スピーチ

　1年ほど前、私はがんと診断されました。朝の7時半にスキャンを受けたところ、すい臓にはっきりとした腫瘍が見られたのです。私は、すい臓が何かも知りませんでした。医師たちが言うには、これはほぼ間違いなく治療不能なタイプのがんであり、長くても3カ月から6カ月しか生きられないと思いなさい、ということでした。

　主治医の私に対するアドバイスは、家に帰って身辺整理しなさいというものでしたが、これは「死を覚悟しなさい」ということの医者流の言い回しなのです。つまり、今後10年かけて子どもたちに伝えようと思っていたことがあるなら、わずか数カ月のうちにそれを全部伝えるように努力しなさい、ということです。つまり、家族ができるだけ楽に対処できるように、準備万端しっかり怠りないようにしておけ、ということです。つまり、お別れのあいさつをしろ、ということなのです。

code for: 〜を意味する暗号、〜の特殊な言い換え **prepare to do:** 〜するのに備える、〜することを覚悟する	**try and do:** 〜しようとする、〜しようと努力する **make sure (that):** 確実に〜であるようにする、〜であることを確認する	**be buttoned up:** きちんとしている、整っている **so that:** 〜であるように、〜となるように **say one's goodbyes:** さよならを言う、別れを告げる

Stay Hungry, Stay Foolish

■死に近づいた経験から言えること

　I lived with that diagnosis all day. Later that evening I had a biopsy where they stuck an endoscope down my throat, through my stomach into my intestines, put a needle into my pancreas and got a few cells from the tumor. I was sedated but my wife, who was there, told me that when they viewed the cells under a microscope, the doctor started crying, because it turned out to be a very rare form of pancreatic cancer that is curable with surgery. I had the surgery and, thankfully, I am fine now.

　This was the closest I've been to facing death, and I hope it's the closest I get for a few more decades. Having lived through it, I can now say this to you with a bit more certainty than when death was a useful but purely intellectual concept:

---

diagnosis:
診断、診断結果
biopsy:
生検、生体組織検査
stick A down B:
AをBに差し込む、突っ込む
endoscope:
内視鏡
stomach:
胃

intestines:
腸
put A into B:
AをBに入れる、突っ込む
needle:
針
cell:
細胞

sedate:
〜に鎮静剤を投与する、〜を鎮静状態にする
view...under a microscope:
…を顕微鏡で観察する、調べる
it turns out to be:
〜であることが分かる、判明する
rare:
まれな、めったにない

伝説の
スタンフォード大学スピーチ

　私はその診断結果を抱えたまま、まる1日を過ごしました。その日の夕方遅くに生検を受けましたが、その際には内視鏡がのどから入れられ、胃を通って腸へと送られましたし、すい臓に針が刺されて、腫瘍の細胞がいくつか採取されました。私は鎮静剤でもうろうとしていたのですが、立ち会っていた妻に聞いたところでは、顕微鏡で細胞を見たとき、医者が叫び出したのだそうです。なぜなら、それは非常に珍しいタイプのすい臓がんで、手術で治せると判明したからです。私は手術を受け、ありがたいことに、今は元気です。

　これが私の人生の中で最も近くで死に直面した経験です。願わくば、この先何十年かはこれ以上近くならないようにしたいものです。こうした経験を乗り越えた今、死というものが有益ではあるが純粋に知的概念でしかなかったころよりも、少しだけ強い確信を持って、皆さんに次のように申し上げることができます。

a form of: 〜の一形態、〜の一種 **pancreatic:** すい臓の **curable:** 治せる、治療可能な **surgery:** 手術、外科手術 **thankfully:** ありがたいことに	**face:** 〜に直面する、〜に立ち向かう **decade:** 10年 **live through:** 〜を乗り切る、乗り越える **a bit:** 少し、ちょっと **certainty:** 確実性、確信	**useful:** 役に立つ、有益な **purely:** 純粋に、単に **intellectual:** 知的な、理知的な **concept:** 概念、観念

Stay Hungry, Stay Foolish

■自分の心と直感に従う勇気を持て

　No one wants to die, even people who want to go to Heaven don't want to die to get there, and yet, death is the destination we all share. No one has ever escaped it. And that is as it should be, because death is very likely the single best invention of life. It's life's change agent; it clears out the old to make way for the new.

　Right now, the new is you. But someday, not too long from now, you will gradually become the old and be cleared away. Sorry to be so dramatic, but it's quite true.

　Your time is limited, so don't waste it living someone else's life. Don't be trapped by dogma, which is living with the results of other people's thinking. Don't let the noise of others' opinions drown out your own inner voice, and most important, have the courage to follow your heart and intuition. They somehow already know what you truly want to become. Everything else is secondary.

Heaven: 天国	**very likely:** 高い可能性で、十中八九	**make way for:** 〜に道を譲る、〜の進路を開く
destination: 目的地、行き先	**invention:** 発明	**right now:** 今は、現時点では
share: 〜を共有する、共にする	**agent:** 動作の主体、行為の担い手	**gradually:** 徐々に、次第に
escape: 〜を免れる、〜から逃げる	**clear out:** 〜を追い出す、立ち退かせる	**clear away:** 〜を排除する、一掃する

伝説の
スタンフォード大学スピーチ

　だれでも死にたくはありません。たとえ天国に行きたいと思っている人でも、そこへ行くために死にたいとは思いません。しかし、死というものは、われわれ全員共通の終着点なのです。それから逃れた者は、これまでだれもいません。そして、それはそうあるべきものなのです。なぜなら、死はほぼ間違いなく、生命に関した唯一にして最高の発明だからです。それは生命の変化の担い手です。古いものを排除し、新しいもののために道を開きます。

　今ここでは、新しいものは皆さんです。しかし、そのうち、つまり今からそう遠くない時期に、皆さんも徐々に古いものとなり、排除されることになります。かなり劇的でお気の毒ですが、これはまったくの真実です。

　皆さんの時間は限られていますから、他人の人生を生きて時間を無駄にしてはいけません。ドグマにとらわれないでください。それでは、他の人たちの思考の結果に従って生きることになります。他人の意見という雑音によって自分の内なる声がかき消されてしまわないようにしてください。そして、最も重要なことですが、自分の心と直感に従う勇気を持ってください。あなたの心と直感は、あなたが本当は何になりたいのかを、どうしてだかすでに知っているのです。他のことはすべて二の次です。

dramatic: 劇的な、ドラマチックな **quite:** まったく、完全に **limited:** 有限な、限られた **waste:** 〜を無駄にする、浪費する	**trap:** 〜をわなにかける、わなで捕える **dogma:** 教条的な考え、定説的な見方 **result:** 結果、成果 **opinion:** 意見、見解	**drown out:** 〜をかき消す、聞き取れなくする **inner voice:** 内なる声、心の声 **intuition:** 直観、直感力 **secondary:** 二次的な、あまり重要でない

🅲🅳 Track **41**

Stay Hungry, Stay Foolish

■『全地球カタログ』に触れて

　When I was young, there was an amazing publication called *The Whole Earth Catalogue*, which was one of the bibles of my generation. It was created by a fellow named Stuart Brand not far from here in Menlo Park, and he brought it to life with his poetic touch.

　This was in the late '60s, before personal computers and desktop publishing, so it was all made with typewriters, scissors, and Polaroid cameras. It was sort of like Google in paperback form 35 years before Google came along. It was idealistic, overflowing with neat tools and great notions.

publication: 出版物 **bible:** 必読書、権威ある書物 **fellow:** 男、やつ	**bring...to life:** …に命を吹き込む、…を生き生きとしたものにする **poetic:** 詩的な

desktop publishing: デスクトップパブリッシング、DTP **scissors:** はさみ **sort of:** 多少、いくらか

伝説の
スタンフォード大学スピーチ

　私が若いころ、『全地球カタログ』という素晴らしい本があって、私の世代にとってはバイブルのひとつでした。それをつくったのは、ここからそう遠くないメンローパークに住んでいたスチュアート・ブランドという人物です。彼は、その詩的なセンスによって、紙面に命を吹き込んでいました。

　それは1960年代の終盤のことですから、パソコンやデスクトップパブリッシングはまだ存在せず、タイプライターとはさみとポラロイドカメラですべてがつくられました。それは、グーグルが登場してくる35年も前の、ペーパーバック版グーグルといった感じのものでした。理想主義的で、かっこいいツールや素晴らしい考えに満ちあふれていました。

in paperback form: ペイパーバック形式の、ペーパーバック版の come along: 生じる、現れる	idealistic: 理想主義の、理想家的な overflow with: ～でいっぱいになる、～に満ちあふれている	neat: 素晴らしい、かっこいい tool: 道具、ツール notion: 考え、観念

Stay Hungry, Stay Foolish

■ハングリーであり続けろ、愚か者であり続けろ

Stuart and his team put out several issues of *The Whole Earth Catalogue*, and then when it had run its course, they put out a final issue. It was the mid-1970s and I was your age.

On the back cover of their final issue was a photograph of an early morning country road, the kind you might find yourself hitchhiking on if you were so adventurous. Beneath it were the words, "Stay hungry, stay foolish." It was their farewell message as they signed off. "Stay hungry, stay foolish." And I have always wished that for myself, and now, as you graduate to begin anew, I wish that for you. Stay hungry, stay foolish.

Thank you all, very much.

Aired on October 5, 2011

---

put out:
〜を出版する、発行する
several:
いくつかの
issue:
（定期刊行物の）号

run one's course:
一巡する、ひと通り終える
back cover:
裏表紙
country road:
田舎道

kind:
種類
find oneself doing:
つい〜してしまう、思わず〜してしまう

伝説の
スタンフォード大学スピーチ

　スチュアートと彼のチームは、この『全地球カタログ』を何号か出しましたが、その後、ひと通りのことをやり終えた時点で、最終号を刊行しました。1970年代半ばのことですから、私は今の皆さんくらいの年齢でした。

　最終号の裏表紙には、早朝の田舎道の写真が載っていました。かなり冒険好きな人なら、ここでヒッチハイクしていてもおかしくないような種類の道です。写真の下にはこんな言葉が書かれていました。「ハングリーであり続けろ、愚か者であり続けろ」。それが、彼らが終刊するにあたっての、お別れのメッセージでした。「ハングリーであり続けろ、愚か者であり続けろ」。そして、私はいつも、自分自身そうありたいと願い続けてきました。そして今、皆さんが卒業して新たな人生に踏み出す際にも、皆さんがそうであってほしいと願います。ハングリーであり続けてください、愚か者であり続けてください。

　ご清聴ありがとうございました。

（2011年10月5日放送）（訳　編集部）

---

hitchhike:
ヒッチハイクする
adventurous:
冒険好きな、冒険心のある
beneath:
下に、下方に

farewell message:
別れの言葉、告別の辞
sign off:
終了する、締めくくる

wish:
〜を望む、祈念する
anew:
改めて、新たに

■ CD ナレーション原稿

付録のCDでは、オープニングとエンディングに英語のナレーションが入っているほか、各記事の冒頭でタイトルが読み上げられています。それらの内容をここに示します。

■ track 01
Thank you for buying *The Legendary Speeches and Presentations of Steve Jobs*. We will kick off with a CNN special report, reflecting on the achievements of Steve Jobs as he steps down as Apple's CEO: "End of an Era."

■ track 08
And next up is a collection of Steve Jobs' presentations: "Immortal Legacy."

■ track 17
Well, next is a CNN interview with Walter Isaacson, the late Steve Jobs's biographer. He reflects on the iconic entrepreneur's life: "Rebel, Geek and Genius."

■ track 25
Well, in the last part of this CD, you will find Steve Jobs' legendary Stanford commencement address: "Stay Hungry, Stay Foolish."

■ track 43
And that brings us to the end of this CD.
See you in our next issue!

---

legendary:
伝説的な、伝説となった
presentation:
説明発表、プレゼンテーション
kick off:
始める、開始する
reflect on:
〜を回顧する、振り返る
achievement:
業績、功績

step down as:
〜の地位を退く、〜を辞任する
next up:
次の番、次にくるもの
collection:
集めたもの、コレクション
late:
亡くなった、故人となった
biographer:
伝記作家

iconic:
象徴的な、偶像化された
entrepreneur:
起業家
commencement:
卒業式、学位授与式
address:
（公式の）あいさつ、演説
issue:
発行物、刊行物

あなたのグローバル英語力を測定
新時代のオンラインテスト

CNN GLENTS
GLobal ENglish Testing System

受験料: 3,960円（税込）
試験時間: 約70分

詳しくはCNN GLENTSホームページをご覧ください。

https://www.asahipress.com/special/glents

CNN GLENTSの特長

■ **作られた英語ではなく生の英語ニュースが素材**
リスニング問題、リーディング問題とも世界最大のニュース専門機関CNNの英語ニュースから出題。実際のニュース映像を使った「動画視聴問題」も導入しています。

■ **場所を選ばず受験できるオンライン方式**
コンピューターやスマートフォン、タブレットなどの端末とインターネット接続環境があれば、好きな場所で受けられます。

■ **自動採点で結果をすぐに表示　国際指標CEFRにも対応**
テスト終了後、自動採点ですぐに結果がわかります。国際的な評価基準であるCEFRとの対照レベルやTOEIC® Listening and Reading Testの予測スコアも表示されます。
※TOEICはETSの登録商標です。この予測スコアはETSの検討を受けまたはその承認を得たものではありません。

■ **コミュニケーションに必要な社会・文化知識にも配慮**
独自のセクションとして設けた「国際教養セクション」では、世界で活躍する人材に求められる異文化理解力を測ります。

鈴木武生先生　[（株）アジアユーロ言語研究所代表取締役、早稲田大学・跡見学園女子大学講師]

「異文化に対する知識やトピックを知り、英語でどのようにシェアして、違う文化の人間をどのようにまとめていけばよいか、それを仕事でどのように行うか、というのがこれからの課題になっていきます。具体的には、異文化と、異文化を持つ人間に対するコミュニケーション力、あとはスピーキング。まだあまりそういった内容の教科書やプログラムはないですね。合わせ技なので、これらを身につけるには生の英語で勉強するのは非常に良いと思います」

® & © Cable News Network A WarnerMedia Company. All Rights Reserved.

お問い合わせ先　株式会社 朝日出版社　「CNN GLENTS」事務局
フリーダイヤル: 0120-181-202　E-MAIL: glents_support@asahipress.com
（平日午前10時〜午後6時／土日祝・年末年始を除く）

キムタツ式「名スピーチ」リスニング

木村達哉=著

灘中高の人気英語教諭キムタツ先生が
あなたの英語力向上をナビゲート!

- ジョブズ「伝説のスピーチ」
- オバマ「広島演説」
- マララ「国連演説」…などの〈生声〉を収録!

MP3ダウンロード付き　電子書籍版付き ダウンロード方式で提供

A5判 定価1540円(税込)

[音声&電子書籍版ダウンロード付き]

最強のリスニング学習法

- ✓ プロ通訳者もやっている練習法を解説
- ✓ CNNの短いニュースが練習素材
- ✓ ゆっくり音声、区切った音声付き
- ✓ 音声変化もニュースごとに丁寧に説明

A5判 定価1320円(税込)

朝日出版社　〒101-0065 東京都千代田区西神田 3-3-5　TEL 03-3263-3321

CNN ニュース・リスニング

1本30秒だから、聞きやすい！

2021 [秋冬]
電子書籍版付き
ダウンロード方式で提供

[30秒×3回聞き]方式で
世界標準の英語がだれでも聞き取れる!

- 大谷翔平、二刀流でメジャーの伝説に挑む
- スーパーが買い物客同士の「出会い」を提供
- 重症コロナ患者の心と体を癒やす「神の手」

…など

MP3・電子書籍版付き
（ダウンロード方式）
A5判 定価1100円（税込）

初級者からの
ニュース・リスニング
CNN Student News
2021 [秋]

音声アプリ+動画で、どんどん聞き取れる!
- レベル別に2種類の速度の音声を収録
- ニュース動画を字幕あり/なしで視聴できる

MP3・電子書籍版・
動画付き[オンライン提供]
A5判 定価1320円（税込）

朝日出版社　〒101-0065 東京都千代田区西神田 3-3-5　TEL 03-3263-3321

ちょっと手ごわい、でも効果絶大！
最強のリスニング強化マガジン

CNN ENGLISH EXPRESS

音声ダウンロード付き　毎月6日発売　定価1,263円（税込）

英語が楽しく続けられる！

重大事件から日常のおもしろネタ、スターや著名人のインタビューなど、CNNの多彩なニュースを生の音声とともにお届けします。3段階ステップアップ方式で初めて学習する方も安心。どなたでも楽しく続けられて実践的な英語力が身につきます。

資格試験の強い味方！

ニュース英語に慣れれば、TOEIC®テストや英検のリスニング問題も楽に聞き取れるようになります。

定期購読をお申し込みの方には本誌1号分無料ほか、特典多数。詳しくは下記ホームページへ。

CNN ENGLISH EXPRESS ホームページ

英語学習に役立つコンテンツが満載！

[本誌のホームページ] https://ee.asahipress.com/
[編集部のTwitter] https://twitter.com/asahipress_ee

朝日出版社　〒101-0065 東京都千代田区西神田 3-3-5　TEL 03-3263-3321

電子書籍版（PDF）の入手方法

本書のご購入者は、下記 URL から申請していただければ、本書の電子書籍版（PDF）を無料でダウンロードすることができるようになります。PDF ファイルが開けるタイプのポータブルオーディオプレーヤーやスマートフォンに音声データとともに入れておけば、外出先に本を持ち歩かなくても内容を文字で確認することができて便利です。

申請サイト URL

http://www.asahipress.com/spjobs/

【注意】
- PDF は本書の紙面を画像化したものです。電子書籍版に音声データは含まれません。音声データは本書付録の CD をご利用ください。
- 本書初版第 1 刷の刊行日（2012 年 10 月 5 日）より 1 年を経過した後は、告知なしに上記申請サイトを削除したり電子書籍版（PDF）の配布をとりやめたりする場合があります。あらかじめご了承ください。

［生声 CD ＆電子書籍版付き］

［対訳］スティーブ・ジョブズ　伝説のスピーチ＆プレゼン

2012 年 10 月 5 日　初版第 1 刷発行
2021 年 10 月 1 日　　　第 14 刷発行

編　集	『CNN English Express』編集部
発行者	原　雅久
発行所	株式会社 朝日出版社
	〒101-0065 東京都千代田区西神田 3-3-5
	TEL: 03-3263-3321　FAX: 03-5226-9599
	郵便振替 00140-2-46008
	http://www.asahipress.com（PC）http://asahipress.jp（ケータイ）
	http://twitter.com/asahipress_com（ツイッター）
印刷・製本	凸版印刷株式会社
DTP	有限会社 ファースト
音声編集	ELEC（財団法人 英語教育協議会）
表紙写真	ロイター / アフロ
装　丁	岡本 健 + 阿部太一（岡本健 +）

Ⓒ Asahi Press, 2012 All rights reserved. Printed in Japan　ISBN978-4-255-00679-6 C0082

CNN name, logo and all associated elements TM and Ⓒ 2012 Cable News Network. A TimeWarner Company. All rights reserved.